DO BAIXO CLERO AO
PLANALTO

	CIP-BRASIL. CATALOGAÇÃO NA PUBLICAÇÃO
	SINDICATO NACIONAL DOS EDITORES DE LIVROS, RJ

L87b Lorenzoni, Onyx
　　　　Do baixo clero ao Planalto : a história de uma vitória contra o sistema / Onyx Lorenzoni. – 1. ed. – Porto Alegre [RS] : AGE, 2023.
　　　　212 p. ; 16x23 cm.

　　　　ISBN 978-65-5863-234-4
　　　　ISBN E-BOOK 978-65-5863-232-0

　　　　1. Lorenzoni, Onyx, 1954-. 2. Políticos – Brasil – Biografia. 3. Bolsonaro, Jair, 1955-. 4. Brasil – Política e governo – 2019-2022. I. Título.

23-86033　　　　CDD: 923.2
　　　　　　　　CDU: 929-029:32(81)

Gabriela Faray Ferreira Lopes – Bibliotecária – CRB-7/6643

ONYX LORENZONI

DO BAIXO CLERO AO PLANALTO

A história de uma
vitória contra o sistema

Editora AGE

PORTO ALEGRE, 2023

© Onyx Lorenzoni, 2023

Capa:
Nathalia Real,
utilizando fotografia de Carolina Antunes

Diagramação:
Júlia Seixas
Nathalia Real

Fotos:
imagens que não tiverem indicação de fonte são
do acervo pessoal do autor

Concepção editorial, pesquisa, organização, redação e preparação:
Mateus Colombo Mendes

Supervisão editorial:
Paulo Flávio Ledur

Editoração eletrônica:
Ledur Serviços Editoriais Ltda.

Patrocínio:
IBDL
INSTITUTO BRASIL, DEMOCRACIA E LIBERDADE
CNPJ: 51.536.590/0001-02

LEDUR SERVIÇOS EDITORIAIS LTDA.
editoraage@editoraage.com.br
Rua Valparaíso, 285 — Bairro Jardim Botânico
90690-300 — Porto Alegre, RS, Brasil
Fone: (51) 3223-9385 | Whats: (51) 99151-0311
vendas@editoraage.com.br
www.editoraage.com.br

Impresso no Brasil / Printed in Brazil

MENSAGEM DO PRESIDENTE

Quando convidei o Onyx, em 2017, para participar do nosso projeto, ele não apenas cumpriu com todas as missões com dedicação e lealdade, como também sempre mostrou compromisso com o nosso amado Brasil, de forma extraordinária. Antes da campanha eleitoral, ele organizou uma missão internacional que nos levou ao Japão, a Taiwan e à Coreia do Sul, para conhecermos de perto exemplos de educação e inovação verdadeiramente transformadores. O Onyx mobilizou uma verdadeira equipe de mais de cem parlamentares em apoio ao nosso projeto, desempenhou um papel fundamental na coordenação do Plano de Governo e se dedicou de corpo e alma à nossa campanha eleitoral. Durante todo o segundo turno, ele se instalou em um hotel próximo à minha casa, no Rio de Janeiro, permanecendo firme até alcançarmos a nossa vitória.

O Onyx liderou a missão de organizar a Transição, ao lado de outros amigos que desempenharam papéis igualmente importantes. Ao assumir a Casa Civil, transformou-a no Centro de Governo, implementando mudanças significativas, como a redução de 37 para 22 ministérios e o fim de privilégios e desperdícios. Conquistamos vitórias essenciais, como a aprovação da Lei de Liberdade Econômica, o Marco do Saneamento, reduções sistemáticas de impostos e a titulação de terras para 420 mil assentados. Além disso, completamos obras cruciais, como a transposição do São Francisco. Uma demonstração importante de que estávamos trilhando o caminho certo, de servir ao Brasil, foi a aprovação das contas pelo TCU ao final de 2022. Entregamos uma economia melhor e mais forte do que a que herdei em janeiro de 2019.

Em nosso time, o Gauchão nunca escolheu o número da camisa. Ao escalá-lo para o Ministério da Cidadania, não poderia imaginar que sua próxima missão seria ainda mais nobre. Ele esteve à frente da operação que colocou em pé o Auxílio Emergencial, que chegou às mãos de 68 milhões de pessoas. Ele retornou ao Palácio do Planalto como Secretário Geral da Presidência, permanecendo ao meu lado durante a recuperação do Brasil após a fase mais crítica da pandemia. E, por último, no Ministério do Trabalho e Previdência, ele desempenhou um importante papel na recuperação do emprego e da renda no pós-pandemia. Somente em 2021, nosso trabalho contribuiu decisivamente para um saldo de 2 milhões e 700 mil novos empregos com carteira assinada, e, igualmente importante, eliminamos a burocrática prova de vida presencial para aposentados e pensionistas.

O Tchê, nosso coringa, sempre esteve ao meu lado, em todos os momentos, com lealdade e competência.

Obrigado, Onyx!

Brasília, 6 de setembro de 2023.
Jair Messias Bolsonaro

AGRADECIMENTOS

«Respondeu Jesus: "Ama o Senhor, o teu Deus, de todo o teu coração, de toda a tua alma e de todo o teu entendimento. Este é o primeiro e maior mandamento. E o segundo é semelhante a ele: Ama o teu próximo como a ti mesmo".» Mateus, 22:37-39

Antes de tudo, agradeço ao Senhor Deus por todas as bênçãos concedidas na minha vida e na trajetória aqui descrita, especialmente, pelos desafios, vitórias e aprendizados ao longo do Governo Bolsonaro. Agradeço também ao Senhor pela capacitação, orientação e sabedoria que fez recair sobre o time de ministros do Presidente Bolsonaro, com quem tive a honra de trabalhar e servir ao Brasil.

Agradeço aos meus pais, Rheno e Dalva Lorenzoni: por todo amor, pela educação, pelos princípios e valores que me fizeram o ser humano que eu sou hoje. Agradeço à minha amada esposa Denise Veberling Lorenzoni, por tanto amor, dedicação, parceria, paciência e resiliência ao longo de todos os desafios que temos vivido juntos, como a produção e preparação deste livro. Nós somos, de verdade, como diz o Eclesiastes: um cordão de três dobras, junto com nosso amado Deus, a quem nós servimos. Agradeço aos meus amados filhos, Rodrigo, Mariana, Pietro, Bella, Roberta, Melissa e Ana Lia; e a meus netos, Eduardo, Pedro,

Maria Antônia, Gustavo e Ravi, pelo carinho e alegria que trazem à minha vida. Também, à minha amada irmã, Mayra, e à minha querida sobrinha Gabrielle e sua filhinha, Greta.

E, para finalizar os agradecimentos familiares, agradeço aos meus bisavós, Giulio Lorenzoni e Josefina Righesso Lorenzoni, por, ainda adolescentes, terem trazido as sementes da nossa família para o Brasil, após uma travessia épica, saindo da Itália em 1877. Em 1884, eles se estabeleceriam na Colônia Dona Isabel, futura Bento Gonçalves, casariam e constituiriam a nossa família. Para além do sangue e das origens, nossos caminhos voltaram a se cruzar durante a produção deste livro: eles eram originários da pequena Villa Raspa, na comuna de Maróstica, província de Vicenza, região do Vêneto; eu, hoje, estou na mesma região, muito próximo, na pequena Castelcucco, província de Treviso, registrando tudo aquilo que só pude fazer graças à bravura deles.

Agradeço, também, pelo apoio que me foi dado pelo prefeito local, Paolo Mares, e aos inesquecíveis amigos italianos que me acolheram como que em sua família: Sara e Alberto Piz (e sua filha, Constanza); Onorevole Dimitri e Karyne Coin (e seus filhos Pietro e Luca); e Antonia e Enea Fiocchi.

Faço um agradecimento todo especial, é claro, ao **meu amigo e nosso Presidente Jair Bolsonaro**: por toda a confiança, desde a parceria firmada em 2017 até hoje, passando pela campanha eleitoral de 2018 e, depois, pelos desafios dos ministérios da Transição, Casa Civil, Cidadania, Secretaria Geral da Presidência e Trabalho e Previdência. Agradeço pela amizade, confiança e parceria do Presidente, a quem, com lealdade, dedicação e extremo empenho, procurei honrar em todas as missões que me foram concedidas. Obrigado, Jair Bolsonaro!

E agradeço a todos os homens e mulheres, colaboradores, voluntários, terceirizados, servidores públicos federais e estaduais, ocupantes de cargo em comissão ou de carreira, enfim, a todos que, de uma forma ou outra, deram a sua contribuição para o Governo mais disruptivo, inovador e transformador da vida dos brasileiros.

Nosso movimento despertou uma nação até então adormecida, chegou à Presidência da República e mudou a História. Essa nação tem seu coração verde e amarelo pulsando em cada casa, em cada propriedade rural, empresa, loja, oficina, em cada cantinho do Brasil. Obrigado aos brasileiros que sempre nos dispensaram confiança e carinho, que sempre nos estimularam com seu abraço e suas orações, para que pudéssemos bem cumprir a missão de recolocar o Brasil no contexto das mais importantes nações do mundo. Obrigado a todos os patriotas que nos permitiram chegar até aqui. E que seguirão conosco! Concluo estes agradecimentos com um pedido — um convite, na verdade: para que sigamos juntos, resistindo, persistindo e nos preparando para reconduzir nosso país ao melhor rumo, ao melhor para o Brasil e para os brasileiros. Obrigado a todos!

Castelcucco, Itália, 28 de fevereiro de 2023
Onyx Dornelles Lorenzoni

SUMÁRIO

1 O despertar de uma Nação 13

2 A convocação 17

3 O convívio 27

4 Mesa para cinco 39

5 Missão Oriente 45

6 Da decepção à conversão 55

7 Uma vitória jamais aceita 65

8 Transição de um novo Brasil 85

9 Um Governo para a história 107

10 Eu, instrumento 147

11 Um Governo que não deixou ninguém para trás 155

12 Um circo constrangedor 175

13 A retomada 189

14 O menino e o homem 203

1
O DESPERTAR DE UMA NAÇÃO

De algum modo, em um intervalo de menos de uma década, os brasileiros romperam o silêncio e a inação a que estavam subjugados, forçaram o sistema político a viabilizar Jair Bolsonaro como candidato à Presidência e protagonizaram alguns dos eventos mais impactantes de nossa História.

O império contra-atacou: os donos do poder reagiram, superaram suas diferenças e de tudo fizeram para se livrar do primeiro governo que buscou defender realmente os interesses do "brasileiro comum". Mas não tem mais jeito. A nação despertou. E o Brasil apenas começou a ser — finalmente — fundado pelo seu povo.

E eu, com a graça de Deus, dou o testemunho de um agraciado protagonista dessas mudanças. Nesta obra, conto toda essa história desde o meu ponto de vista — ao lado de Jair Bolsonaro e dos brasileiros.

Apresento aqui, portanto, minha trajetória, minha participação, no estabelecimento do maior fenômeno político da História do Brasil. Um fenômeno personificado, sim, em Jair Bolsonaro, mas concebido a partir de uma inédita tomada de posição por parte da *maioria silenciosa* — os brasileiros livres.

Até então um desprezado deputado do "baixo clero", Jair Bolsonaro foi (através da força do seu caráter e de seus posicionamentos) sendo abraçado pelos brasileiros e como que proclamado candidato à Presidência. Nenhum partido acreditava. Os poderosos do mercado e dos tribunais não levavam a sério. A imprensa hegemônica ocultava o quanto podia. E o crime, a última e mais poderosa ponta desse sistema, não imaginava os reveses que lhe ocorreriam. Porém, no mundo real, nas ruas do Brasil real, a força de Jair Bolsonaro era cada vez mais irresistível.

O povo brasileiro, depois de três décadas aceitando representantes que não os representam, soube utilizar-se dos meios disponíveis e viabilizou por conta própria um *impeachment* presidencial e a candidatura (e eleição) de um presidente improvável.

Jair Bolsonaro rompeu o politicamente correto. Deu de ombros às liturgias de farsa e impostura da classe política e, dando voz às verdadeiras opiniões do Brasil real, do *brasileiro comum*, chegou à Presidência da República e fez o melhor governo que o Brasil já viu.

Quis Deus que eu participasse disso tudo. Se tive algum mérito, foi em ser o primeiro nome com força no cenário político nacional a enxergar isso tudo, a perceber a crescente simbiose entre Jair Bolsonaro e a maioria cada vez menos silenciosa. E, nesse contexto, fui o primeiro a trabalhar com Bolsonaro para fazer de Bolsonaro candidato à Presidência. Se tive algum mérito, portanto, foi em permitir-me ser instrumento do Senhor nessa história toda.

Por muito tempo, fui voz quase isolada no Congresso, na busca de viabilização política na *ilha Brasília* a uma candidatura que já estava consagrada nas ruas — e nas redes — do Brasil. Fui ridicularizado, desprezado e desacreditado. No fim, junto com os brasileiros e com Jair Bolsonaro, ajudei a iniciar a maior transformação da História do Brasil.

Uma transformação que, via governo, está hoje, em meados de 2023, suspensa, interrompida, porque o sistema se reorganizou e retomou para si a hegemonia do poder. Mas a transformação verdadeira, uma vez iniciada, não para mais. Os brasileiros despertaram. A nação despertou. E os donos do poder não dormem mais em paz.

2
A CONVOCAÇÃO

— Ô, gauchão... Eu acho que esse negócio de Presidência pode dar certo, viu?

— Como é que é???

— É isso aí. Não quer me ajudar?

◊◊◊

Era fevereiro de 2017.

Estávamos em uma daquelas sessões de retomada no Congresso. Era início do ano legislativo. Estava eu lá, no plenário da Câmara dos Deputados, conversando com colegas, quando chega Jair Bolsonaro, deputado federal pelo Rio de Janeiro, e me interpela com aquela característica *suavidade* de um paraquedista casca grossa.

Sem rodeios, já chegou anunciando suas intenções: pensava seriamente em ser candidato à Presidência da República. E queria minha ajuda. Percebendo meu espanto, tratou de explicar:

— Você deve ter visto aí nas redes sociais que eu tenho rodado o Brasil faz um tempo. Já fui em praticamente todas as capitais e mais umas cidades aí... Em todo lugar que eu vou, sou muito bem recebido. É um movimento que *tá* crescendo. Vai que dá certo...

A libertação da verdadeira opinião pública

Eu não tinha dúvidas de que poderia dar certo. As condições eram totalmente favoráveis. Já tinha ouvido e lido o professor Olavo de Carvalho falar inúmeras vezes que o Brasil era um país com um povo de direita, mas sem partidos ou um grupo político de direita; e que, quando algum dos poucos que tinham a coragem de simplesmente falar a verdade sobre tudo que preocupa os brasileiros encontrasse meios de se candidatar, esse alguém teria grandes chances de se eleger presidente.

Com a esquerda dominando todos os espaços de poder e influência havia meio século, acabava que eram muito poucos os políticos verdadeiramente de direita — e, portanto, verdadeiramente conectados ao *Brasil profundo*. Sendo pouquíssimos, jamais tivemos força para nos viabilizarmos como força eleitoral para uma disputa presidencial. No máximo, elegíamos alguns deputados estaduais e federais.

Acontece que, se imprensa, universidades e tribunais eram totalmente tomados pelas ideologias esquerdistas, os líderes partidários não conseguiam perceber como factível a possibilidade de se posicionarem à direita e de lançarem um candidato de direita numa disputa majoritária.

Fui deputado federal entre 2003 e 2023, atuando intensamente no Congresso entre 2003 e 2018 (depois, fui trabalhar com o Jair no Governo). Nesse tempo todo, tive contato com muitos, muitos deputados e líderes partidários que comungavam dos nossos valores, que são os mesmos da maioria dos brasileiros: pró-vida (antiaborto), contra as drogas, a favor de armas para cidadãos de bem, etc. Porém, na hora de se manifestar publicamente, esses mesmos políticos se portavam como se fossem de centro-esquerda — afinal, era como o *mainstream* midiático fazia crer que era o *certo*.

Trancafiados na bolha de influência dos donos da informação e ilhados em Brasília, essas lideranças não percebiam que a atuação da classe política era totalmente desconectada dos anseios populares. Enquanto o povo votava contra o desarmamento de civis ordeiros, os poderes públicos limitavam o acesso a armas para as pessoas de bem, deixando terreno livre para o massacre da criminalidade. Enquanto o povo execrava ideias de aborto, drogas e gênero, os representantes políticos avançavam com essas agendas.

Isso só começou a mudar com a massificação das redes sociais, que permitiu ao *brasileiro comum* sair da frustrante passividade de quem só podia assistir ao telejornal e resmungar contra os absurdos feitos por políticos e defendidos por jornalistas. Com as redes, a maioria silenciosa passou a ter voz e furou a bolha em que a classe política estava encastelada.

Até então, o Brasil que os poderosos de Brasília viam era aquele retratado pela lente míope e revolucionária da velha imprensa. Com o povo podendo manifestar-se livremente via redes sociais, podendo pressionar os políticos e cobrá-los por atitudes diferentes, tudo mudou. Sem isso, não teria ocorrido o justo *impeachment* de Dilma — fruto de uma pressão popular exercida nas redes dos parlamentares e nas ruas de todo o Brasil (sempre após mobilização via redes).

Após esse processo de libertação da verdadeira opinião pública — a do povo, diferente da *opinião publicada*, da velha imprensa —, aqueles mesmos políticos que eu via sabotando suas próprias opiniões para não saírem da linha imposta pelos donos do poder passaram a se posicionar de modo livre e mais honesto. Afinal, vendo as pessoas comuns nas redes sociais, esses líderes viram que seus posicionamentos tinham ressonância na realidade, ao contrário do que faziam crer os operadores da mídia dominante.

◊◊◊

Fazia já algum tempo que eu percebia o crescimento do Capitão — nas redes, nas ruas, no Congresso, afinal

> Jair Bolsonaro, claramente, estava materializando aquilo que predisse o Professor Olavo, ou seja, personificando em si os anseios do brasileiro comum, num momento em que havia condições para isso, graças às redes sociais *ainda livres*.

Então, é claro que me entusiasmava a ideia de trabalhar com aquele amigo de longa data, alguém que eu respeitava, com quem tinha total alinhamento de valores e que eu percebia que tinha algo diferente pela frente. Mas havia um problema:

— Jair, eu acho ótimo que você saia candidato à Presidência, mas nós iniciamos um movimento dentro do meu partido [Democratas] para que tenhamos um candidato também. No caso, o Caiado.

Ronaldo Caiado, à época, era senador por Goiás; hoje, 2023, é governador do mesmo Estado. Nossa intenção, aí nesse começo de 2017, era lançarmos um nome forte pelo nosso partido, para pararmos de ser muleta do PSDB, para nos desconectarmos definitivamente daquela oposição de mentira dos tucanos.

A resposta do Jair Bolsonaro só poderia ser dada por alguém livre de vaidades e realmente disposto a fazer melhor pelo Brasil:

— Ah bom! Mas se o Caiadão já tá se mexendo, beleza! É um dos nossos e vai ser bom. Se ele se viabilizar, eu fico na minha.

Porém, o Capitão fez uma ressalva e me colocou no compromisso:

— Mas se a situação com o Caiado não avançar dentro do partido, vamos conversar, tá OK!?

De fato, a possibilidade de lançar o Caiado a presidente pelo DEM não andou. Junto com outros colegas, como o Abelardo Lupion e o Alberto Fraga, também dispostos a fazer o partido ter protagonismo com uma candidatura conectada com os anseios dos brasileiros, logo percebemos que não teríamos o apoio necessário do próprio Democratas. Numa postura já consagrada, boa parte dos comandantes do partido pensavam mais em cargos e poder do que em desenvolver um projeto político consistente.

Estávamos no início de abril de 2017 quando nos demos conta disso. Por esses mesmos dias, eu estava no plenário da Câmara quando entra Jair Bolsonaro aos berros, com dedo em riste, um sorriso no rosto e dispara um daqueles *xingamentos afetuosos* típicos entre homens que são grandes amigos:

— Ô GAÚCHO FILHO DA P***!!!

Quando eu vi que era ele, já comecei a rir e imaginei o que era.

— Tô vindo de uma comissão agora onde encontrei o Caiado, e ele me disse que não vai sair a presidente, que vai concorrer a governador... Você tinha me dito que se o Caiado não disputasse, ia me ajudar!

— Calma, Capitão! — respondi, aos risos. — Nós decidimos faz muito pouco tempo que não vamos adiante com o projeto...

Apenas dois deputados em 2017, ainda sem muito apoio político, planejando mudar o Brasil.[1]

Bolsonaro não me deixou nem concluir a explicação. Com uma pressa de quem sabia que não havia tempo a perder, me colocou contra a parede:

---

[1] Imagem do meu acervo pessoal (como todas as imagens que não tiverem indicação de fonte).

— Tá, então tu vem comigo???

Ao que eu respondi, sem nenhuma dificuldade:

— Vamo lá! Vamos conversar e ver como fazemos.

Com o deputado Jair, nada ficava para depois:

— Ótimo. Vamos lá no meu gabinete conversar então.

Então, nasceu oficialmente, naquele abril de 2017, uma parceria que, com a graça de Deus, mudaria a História do Brasil.

◊◊◊

Enquanto escrevo estas páginas, estamos nos primeiros dias de 2023. Recém perdemos as eleições de 2022 para um conglomerado com absolutamente todos os donos do poder, que resolveram deixar as máscaras de lado, parar com os teatros e, no desespero para voltarem a ser hegemônicos, revelar para o Brasil que sempre estiveram juntos.

Nesse contexto, fica até estranho falar sobre havermos *mudado a História do Brasil*. Mas, foi de fato o que aconteceu.

Antes de levarmos Jair Bolsonaro e, junto com ele, o Brasil real para a Presidência, o Brasil era comandado pelos mesmos poderosos de sempre, instalados em todos os poderes da República — nos oficiais e nos não oficiais, como o crime e a velha imprensa.

Revezavam-se nos cargos no Poder Executivo e em instâncias do Legislativo e fingiam antagonismo em períodos eleitorais. Era a prática da célebre **estratégia das tesouras**, criada pelo ditador socialista russo Lenin na transição da Revolução Soviética, para enganar o povo e dividir o poder entre dois partidos de esquerda, dando a sensação de normalidade enquanto não havia condições ideais para o comando absoluto e totalitário de um único grupo.

A ascensão de Jair Bolsonaro foi totalmente ignorada pelos mencheviques e pelos bolcheviques brazucas e por seus cupinchas nos outros poderes, no crime e na mídia. Ignoravam o poder da ação verdadeiramente popular, catalisada pelas redes sociais e levada para as ruas. Ignoravam a força do antipoliticamente-correto. E, quando se deram conta, Jair Bolsonaro era o Presidente da República.

Os donos do poder, então, passaram quatro anos se reorganizando para voltar ao poder absoluto. É claro que eles seguiam extremamente poderosos — ao ponto, aliás, de impedir inúmeras ações do nosso governo em favor dos brasileiros. Ainda assim, Jair Bolsonaro comandou o melhor governo da história recente do Brasil, com recordes em geração de emprego, captação de investimentos, combate ao crime e à corrupção.

Contudo, o Brasil mudou. Os brasileiros perceberam que possuem um poder gigantesco. Sim, os inimigos são poderosíssimos, bem articulados, bem armados e entendem muito de propaganda, de narrativas. Mas também sabem que não conseguem mais manter os brasileiros em silêncio e inércia.

Podemos afirmar, então, que uma derrota eleitoral pontual não significa o fim do sonho de liberdade dos brasileiros. Ao contrário. É apenas um percalço. Um percalço natural e que faz parte justamente dessa trajetória dos brasileiros rumo a sua libertação. Trajetória esta iniciada oficialmente com a eleição de Jair Bolsonaro em 2018 — mas gestada um pouco antes, nas nossas conversas nos corredores, nos gabinetes e no plenário da Câmara.

◊◊◊

Voltemos àquela tarde de abril de 2017, na Câmara, no gabinete de Jair Bolsonaro, depois de ele me cobrar no plenário que eu o ajudasse a construir sua candidatura à Presidência.

Conversamos por pouco mais de uma hora. Alinhamos as expectativas e possibilidades, planejamos alguns objetivos imediatos e firmamos a parceria com um aperto de mãos, um abraço e um compromisso de vida:

> "Amigo, estamos juntos, na vida e na morte, até o fim dessa história!"

Por óbvio, não tenho imagens desse momento — nem da reunião, nem do abraço, nem do aperto de mãos. Mas, para ilustrar, uso a imagem de um outro aperto de mãos, tão histórico quanto esse de 2017, mas, dessa vez, um aperto de mãos público. Uma imagem que guardo com muito carinho, do dia em que tudo que estou contando aqui chegou em seu ápice: a nossa posse — do Jair, como presidente; minha, como ministro-chefe da Casa Civil.

1º de janeiro de 2019.

3
O CONVÍVIO

A partir de meados de 2017, então, passei a conviver cotidianamente com Jair Bolsonaro. Como deputados federais, já havíamos unido forças várias vezes ao longo dos anos, sobretudo no combate aos desmandos, arbitrariedades e sujeiras dos governos petistas, de Lula e Dilma. E, embora tivéssemos sempre uma ótima relação (por todo um alinhamento de valores e objetivos), nunca tivéramos um contato mais estreito até então — exceto pouco mais de uma década antes dos fatos até aqui narrados, em dois momentos: em 2004, por força da questão do desarmamento, e em 2007, quando ele esteve no mesmo partido que eu.

Jair Bolsonaro sempre foi um *outsider*. Por seu jeito e por sua atuação, era-lhe vital ter uma atuação independente, livre de amarras partidárias. Ele era um deputado focado em defender os públicos que nele confiavam e seus valores, de modo que nunca foi um cara de ter uma turma. Transitava entre muitos grupos, conforme as pautas — defesa da família, defesa do direito à autodefesa, combate à corrupção e ao seu epifenômeno, o PT, etc.

Eis os porquês de Bolsonaro ter estado em tantos partidos diferentes. Aliás, até nisso ele era um representante absurdamente legítimo do brasileiro comum. Este, todos sabemos, há muito não confia nem acredita em partidos políticos, porque, em geral, as agremiações se movem por interesses que nada têm a ver com seus programas e ideários. Jair Bolsonaro era uma das vítimas desse sistema, assim como eu e outros colegas — mas cada um lida do seu jeito.

E, no jeito de Jair Bolsonaro, ele acabou tentando se encaixar em diferentes partidos. Em 2007, tive a alegria de conviver com ele enquanto ele foi filiado ao PFL, do qual eu fazia parte. O convívio foi mais intenso porque eu era o líder do partido e, então, JB era meu liderado. E eu dou o testemunho de que

> lidar com Jair, seja na posição que for, é muito tranquilo — seja como superior, seja como subordinado, seja como parceiro.

Fomos parceiros por quase duas décadas, como deputados; eu fui, como líder de seu partido, seu superior por um ano; e fui subordinado a ele no Governo por quatro anos. Em todas essas distintas situações, Jair Bolsonaro é a mesma pessoa. Só tem dificuldades de lidar com ele quem não usa de clareza, honestidade e retidão. Não pode haver sombras no relacionamento. Ponto.

Como seu líder, em 2007, logo percebi que ele precisava de espaço para tocar suas pautas e que, estando tudo claro e alinhado entre nós, ele seria um grande e leal parceiro do grupo. Foi um período atribulado para o partido, pois foi a transição do PFL para o DEM. Eu fui o primeiro líder do novo partido e, nesse contexto, lidei cotidianamente com o capitão pela primeira vez.

Mas, como eu disse, ao longo das quase duas décadas em que estivemos juntos na Câmara, travamos várias batalhas lado a lado. Talvez a primeira de grande relevância tenha sido a do

Estatuto do Desarmamento — uma das muitas arbitrariedades petistas, que começou em 2003, com a imposição daquelas leis draconianas, e foi até outubro de 2005, com o famoso Referendo (um instrumento democrático solenemente ignorado pelos autoproclamados arautos da democracia).

Livre e espontânea imposição

Esse caso é um dos muitos que ilustram o **caráter ditatorial da esquerda brasileira**: um totalitarismo absolutista, que impõe suas vontades particulares e antidemocráticas enquanto as vende como expressões máximas da democracia, do respeito à vontade popular. Se não, vejamos:

◊ já em 2003, era claro para todos que a maioria dos brasileiros era contrária à restrição do acesso às armas para as pessoas de bem, ordeiras e cumpridoras de um sem-fim de exigências para possuir tais itens;

◊ esse posicionamento da população seguia (e segue) uma lógica constrangedoramente óbvia: se bandidos agem à margem da lei, qualquer lei de restrição às armas será cumprida somente pelos não bandidos, o que deixará a vida da bandidagem mais fácil ainda;

◊ esse posicionamento foi reafirmado no Referendo de 2005, quando **dois em cada três brasileiros disseram "não" ao Estatuto do Desarmamento petista**.

Apesar de todos esses elementos, o PT — com o apoio de seus parceiros *donos do poder* dos outros poderes, da imprensa e do crime — não apenas impôs um regramento ao arrepio da vontade popular evidente e presumida como depois confirmou essas leis, mesmo após a vontade popular ser registrada em um expediente democrático como o referendo.

A pergunta feita na consulta do primeiro Governo Lula foi: "O comércio de armas de fogo e munição deve ser proibido no Brasil?"

Aproximadamente 64% dos brasileiros disseram NÃO ao PT. Ainda assim, o sistema impôs aos brasileiros uma política feroz de desarmamento — importante: **desarmamento das pessoas de bem, que respeitam as leis**. Porque a bandidagem seguiu armando-se a apavorando a todos. A guerra do crime contra os brasileiros virou um massacre. Massacre de grupos extremamente bem armados (com toda a covardia dos criminosos e toda a condescendência de um sistema permissivo e bandiólatra) contra uma população desarmada e desamparada.

> O massacre do crime contra os brasileiros só parou entre 2019 e 2022, quando, no nosso **Governo Bolsonaro**, as pessoas de bem puderam voltar a se armar para se defender, as forças de segurança voltaram a ser valorizadas e bandido voltou a ser tratado como bandido. Não por acaso, **os índices de criminalidade tiveram quedas históricas**.

Durante os quatro anos de Governo Bolsonaro, surgiram inúmeros áudios e vídeos de criminosos reclamando do fim da vida boa, do fim do diálogo que tinham com o governo do PT... Para dar apenas um exemplo (certamente o mais célebre), utilizemos reportagem da *Revista Veja*, publicada em seu *site*, a 9 de agosto de 2019, que traz áudio do detento Alexsandro Pereira (conhecido como Elias), transcrito pela Polícia Federal no contexto da Operação Cravada:[1]

> «Os caras tão no começo do mandato dos cara, você acha que os cara já começou o mandato mexendo com nois irmão. Já mexendo diretamente com a cúpula, irmão. [...] Então, se os cara começou mexendo com quem estava na linha de frente, os caras já entrou falando o quê? Com nois já não tem diálogo, não, mano. [...] Pra você ver, **o PT com nois tinha diálogo. O PT tinha diálogo com nois cabuloso**, mano, porque... situação que nem dá pra nois ficar conversando a caminhada aqui pelo telefone, mano.»

Houve, em 2022, o célebre caso em que **o criminoso Marcola compara Bolsonaro e Lula**. Para evitar problemas judiciais no atual contexto de, digamos, incertezas, utilizemos o relato do UOL[2]:

> «Em determinado momento, ele diz que Lula é "pilantra", mas que Bolsonaro seria "sem futuro", e completa: "Lula também é sem futuro, só que entre os dois, não dá nem para comparar um com o outro".»

Durante as eleições de 2022, o TSE[3] proibiu que se publicasse a interpretação de que essa fala de Marcola seria uma declaração

---

[1] *Revista Veja*, 9 de agosto de 2019. Matéria de Eduardo Gonçalves: *"O PT tinha diálogo com nois cabuloso", diz preso do PCC grampeado*. Acesso realizado em 15 de maio de 2023. Disponível em: https://veja.abril.com.br/brasil/preso-do-pcc-o-pt-tinha-dialogo-com-nois-cabuloso.

[2] UOL Eleições, 2 de outubro de 2022. Matéria não assinada: *TSE manda Bolsonaro e sites apagarem que Marcola vota em Lula: "Inverídico"*. Acesso realizado em 15 de maio de 2023. Disponível em: https://noticias.uol.com.br/eleicoes/2022/10/02/tse-marcola-lula.htm.

[3] Ainda segundo a mesma matéria de UOL, registrada na nota de número 2: *"O presidente do TSE (Tribunal Superior Eleitoral), ministro Alexandre de Moraes, determinou que*

de voto em Lula, apesar da declaração de preferência por parte do criminoso.

Mas o fato é que a política desarmamentista do PT só desarmou o cidadão de bem, que adquire armas e munições de modo legal, devidamente testado e fiscalizado pelo Exército ou pela Polícia Federal, para fins de defesa pessoal, prática de esportes ou colecionamento; a bandidagem — obviedade das obviedades! — não respeitou essa legislação e seguiu cada vez mais fortemente armada, aterrorizando a todos.

A partir do Referendo de 2005 (em que a maioria da população brasileira votou contrariamente ao Estatuto do Desarmamento e, depois, foi desrespeitada pelos governos do PT), intensificou-se no Brasil um debate fajuto. De um lado, a quase totalidade dos brasileiros vendo perante seus olhos que **a restrição de armas ao cidadão comum não apenas não diminui a criminalidade, como a potencializa**; do outro lado, o sistema, os donos do poder, a imprensa e seus "especialistas" dizendo que se o trabalhador pagador de impostos não tiver armas, o crime diminui — segundo uma lógica que não condiz de modo algum com a realidade.

---

o portal Antagonista e outros veículos de mídia, além do presidente Jair Bolsonaro (PL), seus filhos e alguns apoiadores, apaguem conteúdos que façam referência a uma interceptação da polícia que identificou Marcola, apontado como líder da facção criminosa PCC, falando sobre as eleições presidenciais. [...] Para Moraes, os diálogos até retratam uma discussão de teor político, mas não há uma declaração de voto explícita do líder do PCC. Na verdade, os diálogos transcritos, além de se relacionarem a condições carcerárias, apresentam apenas conotação política, pois retratam suposta discussão de Marcola e outros interlocutores a respeito de Luiz Inácio Lula da Silva e Jair Messias Bolsonaro. Embora o teor dos diálogos revele uma discussão comparativa entre os candidatos, não existe declaração de voto, fato constante no próprio título da notícia, escreveu o ministro."

Durante o Governo Bolsonaro, com a facilitação do acesso às armas para a maioria de brasileiros não criminosos (afinal, os criminosos sempre tiveram acesso), o Brasil pôde testar qual lado estava com a razão.

Além do aumento da comercialização de armas e munições, entre 2019 e 2022 nosso Governo também intensificou as apreensões de drogas, batendo sucessivos recordes nesse trabalho e quebrando as pernas do crime. Procedemos também com a valorização moral e estrutural das forças de segurança pública.

Os resultados foram muitos, mas há alguns que mostram claramente que, **se há alguma correlação entre o número de armas na mão de cidadãos comuns e os números da violência, é uma correlação de diminuição da violência:**

◊ em 2019, primeiro ano de Governo Bolsonaro, registramos uma queda de 19% nos assassinatos em relação a 2018 — a **maior redução de assassinatos da história** do anuário do Fórum Brasileiro de Segurança Pública (levantamento do G1[4]; isso mesmo, da Globo);

◊ em 2021, também durante nosso Governo, outro recorde: **menor número absoluto de assassinatos da história** do levantamento mencionado (41.069).

Enquanto se preocupavam em demasia com os criminosos e seus direitos, a imprensa e seus especialistas alarmavam que o

---

[4] Portal G1, 21 de fevereiro de 2022. Matéria não assinada: *Número de assassinatos cai 7% no Brasil em 2021 e é o menor da série histórica*. Acesso realizado em 15 de maio de 2023. Disponível em: https://g1.globo.com/monitor-da-violencia/noticia/2022/02/21/numero-de-assassinatos-cai-7percent-no-brasil-em-2021-e-e-o-menor-da-serie-historica.ghtml.

maior acesso às armas pelos cidadãos de bem aumentaria a violência. Erraram. Mentiram.

Houve, porém, um alarme que se mostrou certeiro. Passamos anos dizendo que o primeiro sinal emitido por um governante que não respeita a democracia e a verdadeira vontade popular é a implementação de política desarmamentista — foi assim em todas as ditaduras socialistas e em sua irmã, a ditadura nazi-fascista.

Queremos crer que foi mera coincidência, mas eis o fato devidamente documentado:

> «[Em] um dos primeiros atos de governo, o presidente Luiz Inácio Lula da Silva decidiu modificar a política de armas promovida pelo governo anterior, limitando a aquisição, posse e porte de armas de fogo.[5]»

Se, conforme demonstrado, o maior acesso dos brasileiros de bem às armas anda junto da diminuição da violência, podemos dizer que **o crime agradece pela volta da política desarmamentista da esquerda brasileira**, apoiada pela velha imprensa e pelos donos do poder.

E nós, eu e Jair Bolsonaro, seguiremos combatendo esses atos *cabulosos* — exatamente como já fazíamos lá em meados dos anos 2000, conforme eu contava...

◊◊◊

---

[5] Migalhas, 11 de janeiro de 2023. Sérgio Graziano e Eduardo Baldissera Carvalho Salles: *Novo decreto de armas do Governo Lula: o início da nova política pública de segurança se avizinha*. Acesso realizado em 15 de maio de 2023. Disponível em: https://www.migalhas.com.br/depeso/379819/novo-decreto-de-armas-do-governo-lula.

Quando o PT impôs o Estatuto do Desarmamento, em 2003, Jair Bolsonaro e eu passamos a ter nosso primeiro período de convivência mais intensa. Diante da disposição esquerdista de desarmar as pessoas de bem, deixando-as à mercê da bandidagem fortemente armada, nós dois e mais um grupo de uns 15 deputados criamos um grupo de trabalho para defender o **direito à legítima defesa** — um dos direitos mais básicos do ser humano, pois trata de proteger a sua própria vida e a vida daqueles que ama contra covardes que agem à margem da lei.

> Esse grupo recém-nascido aí, aliás, foi apelidado pela imprensa amiga do Governo Lula (toda a grande imprensa) como **Bancada da Bala**[6]. É claro que isso era uma distorção absurda feita por quem não informa o público, mas deforma a compreensão pública. Nós defendíamos — e defendemos — o direito de o cidadão inocente **defender-se** contra criminosos armados. Quem impede isso ou milita contra isso tem de ter a consciência de que, assim, somente um lado estará armado. Será que não sabem? Ingenuidade ou malícia? Os brasileiros sabem a resposta.

Especialmente em 2004 e 2005, nós convivemos muito em função desse grupo de sustentação da legítima defesa e, depois,

---

[6] A "Bancada da Bala" era liderada pelo deputado Alberto Fraga e contava com a deputada Magda Mufatto e os deputados Abelardo Lupion, Davi Alcolumbre, Jair Bolsonaro, José Thomaz Nonô, Luis Carlos Heinze, Luiz Antônio Fleury Filho e Valdir Colatto, além da minha pessoa e mais alguns eventuais parceiros. Vale o registro pois estamos falando de colegas deputados que tiveram a coragem de lutar para que todos os brasileiros tivem acesso ao direito mais básico de todos, que é defender a sua própria vida. Direito do qual, aliás, nenhum poderoso desarmamentista abre mão, com todos seus seguranças armados, sua escolta e seus carros blindados.

quando do Referendo — do qual saímos vencedores nas urnas, mas derrotados na democracia, junto com mais de dois terços dos brasileiros que tiveram sua vontade, como sempre, ignorada pelos donos do poder.

Na sequência, como já relatado, veio o período em que fui seu líder no Democratas. E, depois, ao longo de todo o tempo (até firmarmos nossa parceria rumo ao Planalto em 2017), nosso convívio se deu especialmente no plenário da Câmara, onde travamos importantes embates, lado a lado, em defesa do Brasil e dos interesses dos brasileiros contra quem estava comprometido com as ideologias de esquerda, com o crime, com a corrupção e com tudo que desprezamos.

Foram muitas batalhas em defesa dos direitos das pessoas comuns poderem se defender contra criminosos covardes e fortemente armados. Batalhas contra um sistema corrupto e cor-

Live em dezembro de 2016 no gabinete de Jair Bolsonaro (ou do Eduardo), em defesa das 10 Medidas Contra a Corrupção, iniciativa da qual fui relator. (Imagem extraída das redes sociais de Jair Bolsonaro.)

rompedor, que pesa enormemente no bolso de cada trabalhador brasileiro — do chão de fábrica às diretorias. Batalhas a favor das forças policiais. E, principalmente, batalhas contra os desmandos do PT, contra as políticas autoritárias e irresponsáveis dos governos de Lula e Dilma.

Outro âmbito de convivência que tive com Jair Bolsonaro foi o da Comissão de Ética da Câmara, da qual eu fazia parte e ele era, digamos, um frequentador assíduo. Por força de seus posicionamentos fortes e desconfortáveis para quem jogava contra o Brasil e o *brasileiro comum*, Bolsonaro era denunciado com certa frequência à Comissão. Vi de perto, portanto, muitas das tentativas de calar uma voz que ousava falar no Congresso aquilo que as pessoas comuns pensam.

> Aliás, cabe aqui uma menção especial ao então deputado federal gaúcho Sérgio Moraes, do PTB. Por afinidades de opinião e objetivos, o Sérgio gostava muito do Bolsonaro e se dava muito bem conosco. Ele chegou a presidir a Comissão de Ética. Sempre de maneira muito justa, trabalhou intensamente pela liberdade de expressão dos parlamentares.

Como sabemos, a voz de Jair Bolsonaro não foi calada. E isso se deve, em enorme medida, à boa liberdade que se tinha nas redes sociais — situação que começa a mudar a partir de 2022, quando o sistema se dá conta de que perderá seu poderio se deixar os brasileiros dizendo o que querem e agindo em favor disso. Mas, enquanto houve liberdade, a esperança transitava mais facilmente, por mais que a velha imprensa tentasse ocultar.

Lembro-me de um relato de um amigo deputado, o gaúcho radicado no Ceará Moroni Torgan, que, em meados de 2015, viu um tumulto sem igual no aeroporto de Fortaleza, uma comoção popular do tipo que se vê em torno de grandes estrelas da música ou do futebol — mas era *apenas* um deputado federal: Jair Bolsonaro, no caso.

"Olha, Onyx, tem que prestar atenção nesse Bolsonaro, hein... Eu nunca vi uma coisa daquelas em função de um político!", disse-me o Moroni, que, pelo que me lembro, foi a primeira pessoa a chamar a atenção para essa movimentação popular em torno do Capitão. Eu já o conhecia bem, mas, realmente, se você não estivesse muito atento às redes sociais, não saberia que **havia um deputado movendo multidões em aeroportos e cidades de todos os Estados do Brasil**; afinal, a velha imprensa ignorava totalmente esse fenômeno notável.

Quando o fenômeno, o mito, veio até mim e selamos nossa parceria, já em 2017, definimos como movimento inicial a ideia de trazer outros deputados federais para perto de nós, formando um grupo político de apoio a Jair Bolsonaro.

Não foi fácil. Havia dezenas de deputados que eram nossos amigos, aderentes às nossas ideias e admiradores do nosso trabalho. Porém, a percepção sobre a viabilidade de Bolsonaro ser candidato à Presidência era totalmente comprometida pelo boicote midiático em torno do seu nome. Àquela época, a imensa maioria dos deputados ainda se informava somente pela imprensa tradicional, que, por sua vez, ocultava integralmente o crescimento da popularidade do futuro presidente.

Dessa forma, os primeiros eventos de apoio político àquele que viria a causar a maior renovação da história da política nacional não contavam com mais do que *meia dúzia de gato pingado*. Na verdade, não chegava nem a isso.

4

MESA PARA CINCO

Jair Bolsonaro, Eduardo Bolsonaro, Jorginho Mello, Éder Mauro e eu. Esse foi o quórum do primeiro jantar de apoio à nossa candidatura, no meu apartamento, em Brasília.

Tente hoje tomar um café sossegado com Jair Bolsonaro. Impossível, certo? Como um ator de Hollywood ou uma estrela do futebol, ele é assediado incessantemente pelas pessoas desejosas de bater fotos, pegar autógrafo, conversar ou somente agradecer a ele por ter trazido de volta a esperança no coração dos brasileiros.

Isso entre as pessoas em geral, mas, mesmo entre os políticos, faz muitos anos que Jair Bolsonaro é reverenciado como um astro. Todo o contingente de deputados federais e senadores, governadores, deputados estaduais, prefeitos e vereadores não mais ignora esse fenômeno, muito por força do clamor popular em torno dele.

Porém, lá em meados de 2017 (mês de maio), quando começamos nossas articulações, **sobrou espaço na mesa de jantar do meu apartamento em Brasília no primeiríssimo evento de apoio ao Bolsonaro.** Além de nós dois e do Eduardo, compareceram apenas os então deputados Jorginho Mello e Éder Mauro — este segue na Câmara; aquele se elegeu governador de Santa Catarina em 2022.

É claro que a ideia não era fazer um grande acontecimento. Era apenas um jantar reservado de apoio. Não convidamos muitos parlamentares — uns 20 somente. Destes, apenas dois compareceram.

Aos poucos, porém, a coisa foi tomando corpo. Sempre no meu apartamento, fomos juntando cada vez mais congressistas — deputados e senadores. Foram vários jantares, almoços e cafés da manhã. Não temos muitos registros desses eventos. Do primeiro, o da mesa para cinco, aliás, não temos registro algum.

A baixa adesão inicial da classe política a uma candidatura de Jair Bolsonaro à Presidência diz mais sobre a classe política do que sobre Jair Bolsonaro. O desprezo não era a ele exatamente, mas aos anseios dos brasileiros. Os políticos simplesmente não acreditavam que alguém verdadeiramente *popular* (ou seja, com pensamentos e intenções realmente populares) pudesse ter força.

Jair Bolsonaro discursa em café da manhã em torno da mesa do meu apartamento em Brasília, ao lado de deputados e senadores.

Com um grupo um pouco maior, a mesa ficou pequena e passamos para a sala.

Para reverter esse cenário e atrair mais congressistas, adotamos uma estratégia interessante — além de contarmos com o fato de que a percepção de um crescimento da popularidade de Jair Bolsonaro, graças às redes.

O Bolsonaro saía a viajar pelo Brasil no fim da semana, após as agendas na Câmara. Era quando ele chegava e era ovacionado nos aeroportos de todo o país. Então, ele ia no fim de uma semana para um Estado; no início da outra semana, nós focávamos em convidar os deputados daquele Estado para nossas reuniões. Dava certo, pois eles ouviam de seus apoiadores regionais (quando não testemunharam *in loco*) que houvera uma comoção em torno dum tal de Bolsonaro no aeroporto local. E aí eles viam que não estávamos brincando — nem nós nem o contingente cada vez maior de entusiastas do "Mito".

A essa altura, tínhamos fixado as ações em almoços de uma hora, sempre às terças ou quartas-feiras. E sempre no meu apartamento. Assim, evitávamos as noites (que costumam ser destinadas a votações) e conseguíamos pegar os colegas em Brasília, antes de voltarem para seus Estados às quintas-feiras.

Os almoços, então, começaram a encorpar. Os convidados iam variando, mas procurávamos sempre manter um núcleo mais ou menos contumaz em todos os encontros — além de mim, do Jair e do Eduardo, contando com Éder Mauro, Peninha, Jorginho, Fraga, Francischini, etc.

Como disse, íamos convidando os deputados e senadores das regiões que o Bolsonaro ia visitando, mas também passamos, a uma certa altura, a mirar em grupos coesos. A chamada "bancada evangélica" foi um dos alvos estabelecidos e que acabou se revelando muito parceira. Os colegas da Frente Parlamentar do Agro também foram muito importantes em todo o processo.

Como é de se imaginar, **não demorou muito para meu apartamento ficar pequeno para os almoços de parlamentares pró-Bolsonaro**. Nos meses em que ainda estávamos na casa dos trinta e poucos colegas, mantivemos lá em casa. Mas em dezembro de 2017, quando batemos mais de 50 convidados, fizemos um jantar importante na casa do deputado Alberto Fraga.

> Finalmente, crescia entre os políticos a percepção que, até então, somente o Jair, o Eduardo, eu e mais alguns tínhamos: de que a sociedade brasileira estava cansada do teatro da alternância de poder entre os de sempre e de que havia espaço para o crescimento de uma via verdadeiramente alternativa, nova, genuína e capaz de fazer o que tinha de ser feito.

◊◊◊

Aqui, dou um pequeno salto temporal para concluir essa questão da busca de apoios.

Em fins de 2017, com o nosso trabalho de articulação, Jair Bolsonaro passa a ter dentro do Congresso parte do respeito e apoio que já tinha de sobras nas ruas.

Como você verá no próximo capítulo, começaríamos o ano de 2018 em uma Missão ao Oriente. Na volta dessa viagem, eu intensificaria a arregimentação de deputados em torno de Jair Bolsonaro, descrita ao longo do presente capítulo.

Entre março e junho de 2018, visitei dezenas de gabinetes, apresentando nossas ideias e buscando apoio ao líder desse projeto disruptivo. Além de dar corpo ao nosso grupo e fortalecer a candidatura, a ideia era também desarmar mais uma dentre tantas mentiras da velha imprensa.

À época, a grande mídia esquerdista mentia que Jair Bolsonaro não contava com apoios significativos no Congresso. Rapidamente, porém, colhemos a assinatura de um quinto da Câmara dos Deputados (sem contar os senadores que estavam conosco).

Então, em 4 de julho de 2018, anunciei à imprensa que Jair Bolsonaro contava com o apoio de mais de 100 deputados. Contudo, não podíamos divulgar os nomes. Acontece que boa parte dos signatários integravam partidos que já estavam acertados com o então candidato Geraldo Alckmin.

Nessa época, Alckmin já contava com o apoio de nove partidos (e com a certeza do sistema de que ganharia com facilidade a disputa eleitoral presidencial de 2018). Esses deputados, então, para evitar a represália de seus partidos, assinaram o apoio a Jair Bolsonaro, mas pediram que não divulgássemos seus nomes.

Respeitamos o pedido desses colegas. E aproveito este livro para agradecer a todos, pois o apoio deles foi imediatamente percebido em Brasília, no contexto político e midiático. Além de percebido, esse apoio foi sendo imitado ao longo dos meses vindouros, viabilizando cada vez mais a candidatura de Jair Bolsonaro.

◊◊◊

Durante esse período em que eu atuava para costurar apoios políticos para o Capitão (entre maio e dezembro de 2017), trabalhávamos também já num **plano de governo**, com projetos sólidos e exequíveis para mudar a vida dos brasileiros. E começamos a agir para mostrar a real face de Jair Bolsonaro: um homem de ação, mas atento aos bons exemplos.

Foi aí que decidimos partir em missão para o outro lado do mundo.

5

MISSÃO ORIENTE

Era ponto pacífico entre nós que precisávamos de um projeto de desenvolvimento para o Brasil. Sim, nossa campanha era sobretudo *posicional* — ou seja, uma campanha centrada em valores, contra a corrupção e a criminalidade; porém, queríamos também mostrar que estávamos atentos à construção de vias para o país — para, depois, construí-las de fato.

Nesse sentido, víamos o binômio *educação e inovação* como um elemento central. E não há melhor lugar no mundo para aprender e se inspirar sobre essa pauta do que a Ásia. Especialmente no Extremo Oriente: Japão, Coreia do Sul e Taiwan.

Tomamos, então, uma decisão pouco usual: sem nem termos grandes apoios políticos oficiais e sem recursos dos nossos partidos (que desprezavam a possibilidade de Bolsonaro ser candidato), organizamos — na cara e na coragem — uma viagem nós mesmos, com a importante contribuição nesse momento (assim como em boa parte da campanha, especialmente na elaboração do Plano de Governo) dos professores e estudiosos Abraham e Arthur Weintraub.

Nossa missão à Ásia foi organizada, então, com agendas importantíssimas, com algumas das maiores autoridades nas áreas

Uma decisão corajosa e um importante sinal para o mundo: não estávamos para brincadeira.

da educação e da inovação, assim como com grandes empresas desses setores daqueles países.

Eis como organizei essa missão histórica:

Estamos falando dos primeiros meses de 2018. A viagem se deu entre o fim de fevereiro e o começo de março. A essa altura, como relatado no capítulo anterior, não contávamos com mais do que algumas poucas dezenas de deputados e alguns senadores apoiando nossa candidatura. A velha imprensa, por sua vez, seguia firme no caminho de uns dos maiores fiascos de sua história, tendo de engolir como presidente um candidato cuja importância ela ignorava e ocultava do público.

Ou seja, as condições não eram as melhores. Tínhamos a nosso favor, além de um crescente e significativo apoio popular e toda a vontade de fazer história e transformar o Brasil, uma experiência somada de décadas no Congresso Nacional e em Brasília, com alguns contatos que poderiam nos ajudar.

Acionei, então, nosso amigo e também deputado Luiz Nishimori, do Paraná, grande representante da comunidade japonesa no Brasil e, como tal, com excelente trânsito na embaixada do Japão em Brasília. Foi dessas conexões que saíram agendas de grande repercussão, como a visita oficial ao Ministério da Ciência e Tecnologia do Japão.

Reunião no Governo do Japão, tratando de projetos e possibilidades para o Brasil em Ciência e Tecnologia.

Nessa agenda com autoridades do governo japonês, fomos apresentados ao exemplar modelo de educação do país. Também, discutimos possibilidades de cooperação entre universidades, associações e iniciativa privada brasileiras e japonesas — muitas das quais, de fato, viriam a se consolidar durante nosso governo.

Também, conversamos com empresários locais simplesmente na confederação das indústrias do Japão, a Keidanren. E ainda teve palestra do Bolsonaro na Câmara do Comércio e da Indústria Brasil-Japão.

Quando chegamos nessa primeira grande parada da nossa missão, no Japão, fomos a uma importante região para os brasileiros que vivem por lá: Hamamatsu, uma cidade a duzentos e poucos quilômetros de Tóquio, lar de quase 10 mil brasileiros.

Como se pode ver na próxima imagem, da recepção preparada para nós em Hamamtsu, **a popularidade do "Mito", em que pese a ignorância e ocultação dos poderosos brasileiros, já chegara do outro lado do mundo**. Antes do evento retratado na imagem a seguir, fomos recebidos de modo emocionante por centenas de brasileiros na estação de trem da cidade, aos gritos de "Mito! Mito!".

Da mesma forma como fizemos para organizar nossa ida ao Japão, trabalhamos as agenda em Taiwan e na Coreia do Sul. Nesta, fizemos agendas modernas e futuristas, mas também históricas.

Visitamos o Centro de Inovação e Economia Criativa da Coreia do Sul, onde algumas das *start-ups* mais impactantes da economia mundial são pensadas e se desenvolvem. Além de esta-

7

UMA VITÓRIA JAMAIS ACEITA

O profeta e o herói

O Brasil sempre foi um país com um povo de maioria à direita, liberal-conservador, mas sem nenhum representante com força no tabuleiro político até 2018. Antes disso, éramos poucos, e sempre no *baixo clero* do Congresso, porque não jogávamos o jogo dos donos do poder. A situação foi muitíssimo bem descrita pelo professor Olavo de Carvalho inúmeras vezes. Para exemplificar, uso um artigo[1] de 2009:

> «A maioria absoluta dos brasileiros, especialmente jovens, é um eleitorado maciçamente conservador, desprovido de representação política, de ingresso nos debates intelectuais e de espaço na "grande mídia". É um povo marginalizado, escorraçado da cena pública por aqueles que prometeram abrir-lhe as portas da democracia e da participação.»

Tive a alegria de estar com o "mestre de todos nós" (como bem definiu o jurista Ives Gandra Martins) em janeiro de 2020,

---
[1] Olavo de Carvalho, "Abaixo o povo brasileiro"; Diário do Comércio, 24 de agosto de 2009: https://olavodecarvalho.org/abaixo-o-povo-brasileiro-2/.

exatamente dois anos antes de ele nos deixar. Lúcido como sempre (como ninguém!), Olavo reafirmou o que vinha dizendo havia anos: "Bolsonaro é a esperança do Brasil". E isso tinha total conexão com a frase dele que reproduzi acima, datada de 11 anos antes.

Antes de 2018, portanto, éramos um país de um povo de direita sem governos de direita. A profecia de Olavo era a seguinte: **quem tivesse a inteligência de entender o discurso conservador, de valores, e tivesse a coragem de defendê-lo ante um sistema agressivo contra essas ideias, eleger-se-ia presidente com uma**

surpreendente facilidade. Com muito mais detalhes e conhecimento, o Professor passou anos e anos explicando isso tudo, incutindo ideias de defesa da verdade, do justo, do bom, do belo e dos valores na cabeça de centenas de pessoas; estas viriam a influenciar milhares de brasileiros, criando, por fim, as condições para o "surgimento" de Jair Bolsonaro.

Aspas em "surgimento" porque, na verdade, Bolsonaro já era, de certa forma, essa figura de coragem descrita por Olavo de Carvalho. Faltava *apenas* uma coisa: que ele chegasse na massa de brasileiros que eram de direita, mas não o sabiam — e que, quando o conhecessem, teriam nele o líder pelo qual esperavam, o Capitão Nascimento de seus sonhos. E isso só aconteceu a partir da popularização da Internet, especialmente das redes sociais e de mecanismos de transmissão de mensagens. (Não é difícil, assim, entender **a atual sanha de muitos pelo controle despótico da Internet**.)

A massificação das redes sociais no Brasil se dá ali pelo começo da segunda década deste século. As **manifestações de 2013** foram a primeira materialização do poder de mobilização dos meios digitais. Iniciadas por grupos de esquerda (sob um pretexto pífio, o aumento das passagens de ônibus, apenas para fazer proselitismo político), logo essas manifestações foram como que tomadas por *pessoas comuns* — estudantes e trabalhadores sem vinculação política, sem uma pauta bem definida, sem lideranças identificáveis. Reivindicavam questões amplas: contra a corrupção institucionalizada no poder (então, comandado pelo PT), por melhores condições de vida, etc.

A esquerda rapidamente perdeu o controle das manifestações de 2013, que não paravam de crescer, até que se utilizaram do expediente dos *black blocs*: misturavam militantes violentos entre as pessoas normais para tumultuar as mobilizações, gerar tumulto, quebradeira e confrontos com a polícia. Fizeram isso até esvaziar as manifestações. Porém, a semente estava plantada.

Entre o fim de 2014 e o começo de 2015, os brasileiros voltaram a se organizar pelas redes para tomar as ruas novamente — desta vez, exigindo o *impeachment* de Dilma e da roubalheira do PT. Por essa época, **Bolsonaro já era o "Mito"**, já havia "viralizado" nas redes sociais várias vezes, com destaque para duas ocasiões.

Primeiro, em fevereiro de 2014, quando ele se colocou como postulante à presidência da Comissão de Direitos Humanos da Câmara, no célebre episódio da entrevista do *"Cabô!"*:

> "É só você não estuprar, não sequestrar, não praticar latrocínio que não vai pra lá, porra! Cabô! Cabô! Tem que dar vida boa praqueles canalhas? Eles nos fodem a vida toda e aí nós, trabalhadores, vamos manter esses caras presos numa vida boa? Tem que se fuder e acabou! Acabou, porra! É a minha ideia."

O vídeo dessa entrevista para jornalistas atônitos no Salão Verde da Câmara foi o primeiro de Jair Bolsonaro a realmente se popularizar, a rodar nos grupos de WhatsApp das famílias, dos amigos, dos colegas de trabalho... Já ouvi diversos relatos sobre pessoas que nunca haviam pensado se eram de esquerda ou direita dizendo-se totalmente encantadas com o fato de finalmente um político, alguém com poder, falando exatamente aquilo que elas gostariam que um político falasse e fizesse.

Enquanto a classe política ficava medindo as palavras com a régua do politicamente correto, imposta via imprensa, **Jair Bolsonaro chegou tratorando tudo e, com honestidade, franqueza e, sobretudo, correção, conectou-se diretamente ao coração do *brasileiro comum***, do trabalhador, do pai, da mãe, de todos os que sofrem cotidianamente as consequências do crime e da anuência política, judiciária e midiática para com os criminosos.

Depois, no fim do mesmo ano (2014), Bolsonaro "viralizou" novamente, dessa vez com o reaquecimento da discussão que tivera com a petista Maria do Rosário em 2003. No caso original, o Capitão concedia entrevista em que defendia rigor máximo para com uma dupla de estupradores; Maria do Rosário, que no plenário da Câmara havia defendido todo o carinho do Estado para com os criminosos, aproximou-se ofendendo-o e chamando a ele, Bolsonaro, de estuprador.

No fim de 2014, esse caso voltou ao debate público e, dali em diante, ficou claro para os brasileiros que Jair Bolsonaro era um tenaz defensor das pessoas de bem e um fortíssimo combatente das mendacidades esquerdistas. Juntaram-se, então, as condições ideias para acontecer aquilo que o Professor profetizara:

◊ primeiro, o próprio Olavo de Carvalho preparou o terreno intelectual e de percepção para a possibilidade de termos um grande líder político de direita;
◊ depois, Jair Bolsonaro apresentou-se como este líder, conectando-se diretamente ao coração e à mente do *brasileiro comum*;
◊ por fim, as redes sociais foram os meios pelos quais os dois fatores acima tornaram-se realidade para uma massa crescente de pessoas.

Então, com as redes sociais permitindo que as ideias liberais-conservadoras — por meio de um líder intelectual (Olavo) e um líder político (Bolsonaro) — furassem a bolha de ocultação e distorção imposta pela velha imprensa, sobrevieram

- ◊ primeiro as manifestações de 2013,
- ◊ depois, o *impeachment* de Dilma e o fim do ciclo petista, e,
- ◊ por fim, a popularização, a candidatura e a eleição de Jair Bolsonaro.

> *"Desprovidas as massas de todo meio de expressar-se na mídia e de canais partidários para fazer valer a sua opinião, no coração do povo foi crescendo uma revolta surda, inaudível nas altas esferas, que mais cedo ou mais tarde teria de acabar eclodindo à plena luz do dia, como de fato veio a acontecer, surpreendendo e abalando a elite petista ao ponto de despertar nela as reações mais desesperadas e semiloucas..."*
> — Olavo de Carvalho, em artigo de agosto de 2015[2].

Rompido o monopólio da velha imprensa pela liberdade das redes sociais, os brasileiros comuns passaram a ter voz, e Jair Bolsonaro, com sua coragem e suas ações, personificou em si aquilo que os brasileiros queriam sem saber, esperavam sem prever. E assim cumpriu-se a profecia de Olavo de Carvalho, conforme sua própria descrição, em fala de 2020[3]:

---

[2] Olavo de Carvalho, "A oligarquia contra o povo"; Diário do Comércio, 27 de agosto de 2015: https://olavodecarvalho.org/a-oligarquia-contra-o-povo/.
[3] Olavo de Carvalho, entrevista ao Programa Pânico, 20 de março de 2020: https://www.youtube.com/watch?v=baip5IQ1ZF0.

"O Brasil é um país de maioria conservadora. Isso foi demonstrado pesquisa após pesquisa. A própria *Folha* fez um monte de pesquisas... Era 60 a 70% da opinião brasileira conservadora. Ora, como num país maciçamente conservador não tem um partido conservador, não tem um jornal conservador, não tem um canal de TV conservador, não tem uma universidade conservadora. Porra! A opinião conservadora foi totalmente banida durante 50 anos! E o primeiro que ousou representá-la foi o Bolsonaro. E aí se cumpriu a profecia que eu tinha feito: o primeiro que ousar falar a linguagem conservadora estará falando a conservadora do povo e vencerá qualquer eleição neste país. Ele venceu! Foi o primeiro que teve coragem."

◊◊◊

Um fenômeno sem igual

Vivemos algo muito bonito em 2018. Falo do nosso contexto, na campanha mesmo, mas falo também do Brasil como um todo. Foi o auge de um processo que, como narro acima, começou *oficialmente* (digamos assim) em 2013, mas se consolidou entre 2014 e 2015, com a defenestração do PT por força da pressão popular e com as **inéditas manifestações pró-Bolsonaro em todos os principais aeroportos e Municípios de todo o Brasil**.

Minha vida, a vida de Jair Bolsonaro, os acontecimentos por todo o país, tudo parece ter convergido para uma vitória que não foi apenas uma vitória eleitoral, mas a vitória de um povo, de uma nação. Da minha parte, todos os problemas que enfrentei, todas as decepções, tudo isso pavimentou o caminho que fez de mim o honrado coordenador da campanha eleitoral mais impactante da História do Brasil.

Foi um período em que pude testemunhar indubitavelmente o modo como Deus age: durante o caminho, quase nunca compreendemos, quase sempre não aceitamos; mas, no fim, sempre nos damos conta de que as coisas aconteceram da melhor forma possível. No caso do próprio Jair isso fica mais evidente ainda, a partir do atentado que ele sofreu contra sua vida.

No dia 6 de setembro de 2018, **um ex-filiado ao PSOL tentou assassinar Jair Bolsonaro** literalmente em praça pública. Imediatamente após o ocorrido, ele já contava com uma renomada (e caríssima) banca de advogados a seu lado. E até hoje o fato não foi esclarecido.

Tudo muito estranho. Mas tudo muito previsível até. Um país comandado pela mentira por tanto tempo, em todas as instâncias, não aceitaria facilmente a vitória da verdade.

> Mesmo as infundadas e **jamais comprovadas** acusações de "milícias digitais", "robôs" e "proliferação de *fake news*" contra a campanha e depois contra o Governo Bolsonaro revelam apenas isto: o desespero e a compreensão dos donos do poder com o fato de um brasileiro comum, com ideias verdadeiras, ser apoiado por milhões de brasileiros comuns.

O pensamento dos partícipes do sistema é simples: medindo tudo com sua depravada régua, creem que ninguém seria capaz de um apoio popular tão expressivo sem muita manipulação, mentiras e estratégias espúrias. É o clássico procedimento revolucionário de viés marxista, conforme máxima atribuída ao ditador genocida Lenin: "Acuse os adversários do que você faz, chame-os do que você é".

Quando viram o crescimento de Jair Bolsonaro e, depois, quando tiveram de engolir sua vitória, tiveram certeza, portanto, de que ele agiria do mesmo modo como eles sempre agiram. Ou, no mínimo, forçaram-se a si mesmos a acreditar, pois foi-lhes muito mais fácil abraçar essa mentira escabrosa do que contemplar a simples verdade.

Jair Bolsonaro foi um fenômeno que eles ignoraram o quanto puderam; quando não podiam mais ignorar, precisaram inventar estórias para lidar com essa realidade. Daí as acusações de *fake news* e *robôs*. Os donos do poder simplesmente não entenderam e **não aceitaram que havia milhões de brasileiros manifestando-se nas redes sociais em favor de Bolsonaro e de suas ideias, de seus valores e de seu projeto.**

Mesmo quando veio a campanha eleitoral, com todas as manifestações genuínas e livres de apoio popular a Jair Bolsonaro, eles não aceitaram. Brasil afora, as pessoas se juntavam, pagavam de seu próprio bolso e distribuíam elas mesmas materiais de campanha. Sem recursos, nossa campanha oficial não conseguia fornecer materiais, como tradicionalmente ocorre.

Então, **os adesivos e panfletos não tinham padrão, porque eram feitos em cada local por pessoas diferentes, de modo voluntário, espontâneo e sem um comando central.** O mesmo valia para os *jingles*: no YouTube é possível encontrar mais de vinte músicas de apoio a Bolsonaro, nos mais diferentes ritmos — de *funk* a sertanejo, de *rap* a baião. Isso simplesmente enlouqueceu o sistema, que não entendeu nada. Veja os dois exemplos a seguir:

Panfletos feitos à mão por menina de 11 anos de idade de Itambé, Bahia. (Imagem extraída das redes sociais de Jair Bolsonaro.)

Casa transformada durante as eleições em Pombos, Pernambuco. (Imagem extraída das redes sociais de Jair Bolsonaro.)

O sistema não aceitou e não quis aceitar o fenômeno Bolsonaro. E, além disso, usou de subterfúgios típicos da mentalidade esquerdista — afinal, todo o ideário marxista ignora e recusa a realidade como ela é, tratando de transformá-la para que ela caiba em suas ideias. Não foi exatamente isso o que os famosos **institutos de pesquisa** fizeram em 2018? (Não apenas em 2018, é claro; mas essa eleição foi o ápice desse processo de mentira e distorção.)

Primeiro, ainda no período pré-eleitoral, **preconizavam um fiasco bolsonarista** e cravaram que não faríamos mais do que um dígito na eleição. Devem se ter confundido de candidato: quem fez exatamente um dígito de votação e configurou-se num dos maiores fiascos eleitorais de todos os tempos foi o candidato preferencial do sistema no primeiro turno, Geraldo Alckmin, apoiado pela maioria dos partidos e pelos poderosos da mídia (entre outros que não podemos mencionar).

Depois, quando Bolsonaro fez-se uma realidade inegável até mesmo para a velha imprensa e seus "especialistas", **passaram a dizer que ele não tinha nenhuma chance de ir para o segundo turno.**

Quando viram que Bolsonaro no segundo turno era uma realidade, tentaram emplacar a ideia — validando-a pelas pesquisas — de que **o Capitão perderia de todos os candidatos**. Veja a imagem a seguir, datada de poucos dias antes de Bolsonaro quase ser eleito já em primeiro turno e pouco mais de um mês antes de sacramentarmos a vitória no segundo turno.

uol eleições 2018

APURAÇÃO ▾   RAIO-X ▾   PESQUISAS   UOL CONFERE   CANDIDATOS ▾   DEBATES E SABATINAS ▾

Datafolha: Bolsonaro perde todos os cenários de 2º turno; Ciro vence Haddad 💬48

Do UOL, em São Paulo   28/09/2018 | 21h24

Fonte: UOL.

Era-lhes demais! Recusaram-se a aceitar e, sobretudo, a entender como alguém que começou assim...

Registro feito por Dida Sampaio / Estadão Conteúdo.

... chegou a isto:

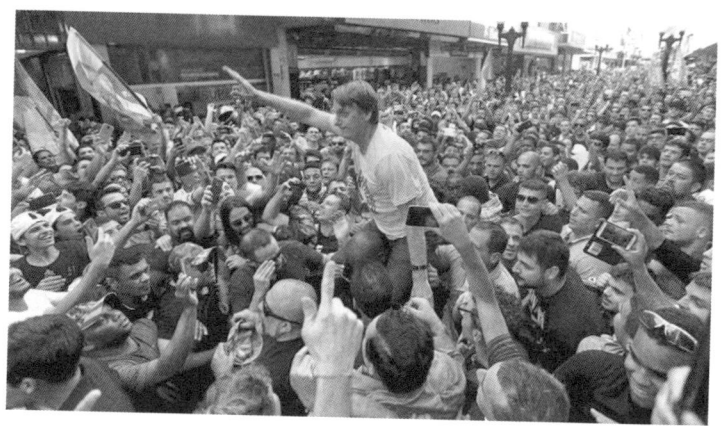

Jair Bolsonaro em 6 de setembro de 2018, em Juiz de Fora, minutos antes de ser esfaqueado por um ex-integrante do PSOL, tradicional aliado político do PT. (Imagem extraída das redes sociais de Jair Bolsonaro.)

Não entenderam e não aceitaram, também, que alguém que saiu do nada, do baixo clero, praticamente sozinho, apenas com um grupo de amigos abnegados, conseguiu fazer-se Presidente da República, mesmo após isto:

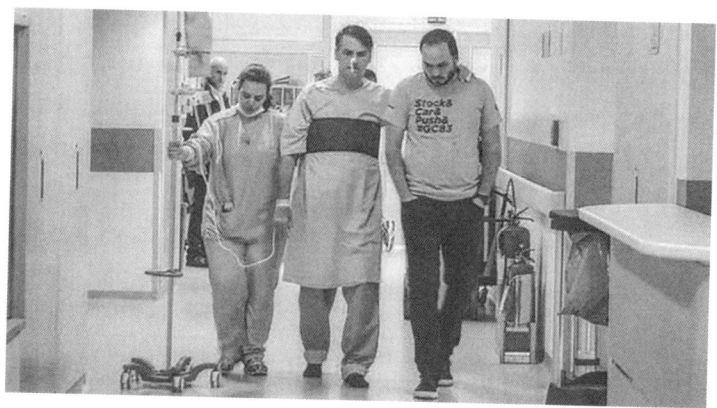

Imagem extraída das redes sociais de Jair Bolsonaro.

Por ínfimos milímetros e por apressados segundos, Bolsonaro não morreu. Por causa da tentativa de assassinato de um ex-filiado ao PSOL, partido historicamente aliado ao PT, JB passou dois terços da campanha presidencial dentro de um hospital. Para qualquer candidato, isso já seria catastrófico. Para Bolsonaro, era pior ainda, pois, sem dinheiro para a campanha, **quase toda sua força estava nas ruas, na movimentação dele junto das pessoas**. E ele não pôde viver isso por dois de três meses de campanha.

Havendo os donos do poder entendido ou não, aceitado ou não, o fato é que não apenas fizemos história ganhando essa eleição presidencial, como **Jair Bolsonaro entrou para a História do Brasil como o maior fenômeno eleitoral de nosso país**.

Foram **centenas de deputados estaduais e federais eleitos na esteira de Jair Bolsonaro**, muitos deles absolutamente desconhecidos antes de 2018 e votados exclusivamente por conferirem-se a si próprios títulos como "o deputado federal do Jair Bolsonaro" ou misturarem Bolsonaro a seus nomes (*Fulanonaro* ou *Bolsofulano*).

Além dos desconhecidos, muitos eleitos com nome e trajetória tiveram suas votações incrementadas pela força do apoio de Jair Bolsonaro. Como eu disse, eu mesmo consegui uma votação expressiva mesmo sem quase fazer campanha, estando totalmente focado na campanha presidencial; é claro que minha caminhada começara muito antes desse período, mas certamente essa ligação com Bolsonaro me ajudou. Da mesma forma, os próprios filhos de Bolsonaro: Flávio elegeu-se senador pelo Rio de Janeiro e Eduardo foi simplesmente o **deputado federal mais votado da história**. Certamente, eleger-se-iam sem essa onda, mas eles mesmos reconhecem que suas votações foram ampliadas.

Aliás, além do recorde de votação para um deputado federal, Bolsonaro influenciou também outras marcas que dificilmente serão batidas: **a deputada federal e a deputada estadual mais votadas de todas as nossas eleições.** No caso da deputada estadual, ela detém o recorde entre homens e mulheres.

Com tudo isso, Jair Bolsonaro foi responsável direto pela **maior renovação política jamais vista**, influenciando na eleição de tantos e tantos deputados federais e estaduais. O seu partido de então, o PSL, era minúsculo, mas passou a deter a segunda maior bancada da Câmara em 2019.

E tudo isso **sem contar deputados de outros partidos**, que também se elegeram ou ampliaram suas votações na carona de Jair Bolsonaro. E sem contar, também, os candidatos das eleições majoritárias — ao **Senado e aos governos estaduais**. Muitos destes foram grandes "azarões", surpreendendo a todos os prognósticos da imprensa e de seus "especialistas".

Em relação ao Senado, os casos mais significativos foram das disputas em Santa Catarina e no Rio Grande do Sul, que elegeram candidatos tidos como sem chance alguma, que figuravam na quarta ou quinta posição nas pesquisas — no caso, Jorginho Mello e meu amigo Luís Carlos Heinze. Este, por exemplo, em que pese sua longa trajetória e suas expressivas votações nas eleições anteriores, acabou decolando somente após declarar publicamente seu apoio a Jair Bolsonaro.

O bolsonarismo pesou nas eleições ao Senado em muitos outros lugares. Em Minas Gerais, contribuiu para a ex-presidente Dilma Rousseff, tida como favorita, acabar num vergonhoso quarto lugar. No Rio de Janeiro, alçou Flávio Bolsonaro. Aliás, **no Rio e em São Paulo, os Estados mais importantes do Brasil,**

o fator Bolsonaro decidiu também a eleição ao governo estadual, assim como em outros locais.

Muitos Estados também tiveram seus governadores determinados pela influência de Jair Bolsonaro. Rondônia, Roraima, Goiás, Minas Gerais e Santa Catarina foram alguns dos que também tiveram o pleito decidido com a força do bolsonarismo. Sem contar Rio de Janeiro e São Paulo, os Estados mais importantes do Brasil, nos quais os vencedores da disputa ao governo não teriam chegado lá se não se tivessem colado na imagem do Capitão.

Eram candidatos que depois se revelariam grandes traidores de Bolsonaro e de quem neles confiou, mas que nas eleições superaram todas as expectativas e se elegeram governadores do Rio e de São Paulo graças ao fato de se haverem proclamado "o candidato do Bolsonaro" e até mesmo feito marketing em cima do nome ("Bolsodória", no caso).

> Os aproveitadores e traidores ficariam conhecidos já logo após as eleições de 2018. E foram muitos. Os brasileiros sabem quem são eles. E tanto sabem que, nas eleições de 2022, quase todos esses traidores não chegaram nem perto do sucesso que obtiveram quando fingiam ser bolsonaristas. Houve até casos de campeões de votos, com **milhões de votos em 2018, que não conseguiram fazer mais do que alguns poucos milhares de votos em 2022, deixando claro que deviam tudo a Jair Bolsonaro**.

Mas, de qualquer forma, o fato aqui é que abundam provas de que Jair Bolsonaro foi, em 2018, o maior fenômeno eleitoral da História do Brasil.

◊◊◊

Organizando as fotografias para este livro, dei-me conta de que praticamente não tenho registros das eleições de 2018. Foram tantas reuniões, tantas articulações, tantas agendas de trabalho sério e tenso que os registros ficaram em segundo plano. É claro que toda a confiança que o Capitão viria a depositar em mim compensaria com sobras a falta de fotos. Aliás, **fotos muita gente tem, mas vivência real, experiência, história para contar, é pra poucos...**

O registro a seguir é o frame de um vídeo, de um material de campanha de 2018; assim como o registro seguinte, do momento em que era anunciada a nossa vitória — do Jair e de nós, brasileiros.

Eu não posso relatar muito porque não vivemos dias normais no Brasil, mas o fato é que, em 2018, a sensação era de que venceríamos no primeiro turno. Somente algo muito estranho nos tiraria isso. Bom, acabamos não vencendo. Veio o segundo turno. E aí trabalhamos para termos representantes da nossa candidatura dentro da sala de apuração.

A então presidente do TSE, Rosa Weber, autorizou a entrada de até cinco pessoas de cada chapa para acompanhamento dentro da sala-cofre. No meio da apuração, nosso pessoal notou movimentações estranhas e, então, nosso advogado pleiteou a retirada dos celulares de dentro da sala. Todos os celulares foram entregues, a apuração continuou e, no fim, nós ganhamos.

Acompanhamos a apuração na casa do Jair, no Rio de Janeiro. Foi tudo muito tranquilo, realmente sereno. Honestamente, não esperávamos outro resultado que não a vitória. Sabíamos do caminho que havíamos trilhado e não parecia mais haver volta.

Tanto que, quando escrevemos o "Manifesto à Nação" (aquela primeira fala de Bolsonaro após eleito), não preparamos uma versão para o caso de derrota.

> Na tarde do domingo 28 de outubro de 2018, não preparamos discurso de derrota. Fizemos o discurso da vitória e fomos acompanhar a apuração. Apesar do nervosismo natural, tínhamos a tranquilidade de quem trabalhou incansavelmente, fez tudo o que pôde e, então, só restava esperar a chegada ao destino programado.

Milhares de pessoas acorreram para a frente do condomínio do Jair na Barra da Tijuca. Sabendo disso, ele queria ir lá para fora, subir num trio elétrico que os apoiadores levaram e discursar para todos. Evidentemente, a segurança não permitiu isso. Tinha também o risco de saúde; afinal, pouco mais de 50 dias antes ele quase tinha morrido nas mãos de um ex-filiado ao PSOL, partido normalmente aliado ao PT.

Acompanhávamos a apuração com alguns amigos e apoiadores na casa do Jair: eu, Eduardo Bolsonaro, Flávio Bolsonaro, Carlos Bolsonaro, Magno Malta, Paulo Guedes e outros. Após o resultado, eu, o Eduardo, o Flávio e o Magno fomos lá para fora e falamos em nome do Presidente eleito no carro de som. Foi uma festa muito bonita. Mas muito curta, pois teríamos muito trabalho pela frente.

Abraçamo-nos e celebramos. Tiramos a segunda-feira para uma folga extremamente merecida por todos do nosso pequeno e abnegado grupo que comandou a campanha de Jair Bolsonaro à Presidência da República.

— Terça-feira de manhã cedo, vamos todos tomar café juntos. E começar a trabalhar. Acabou a campanha. Agora, é governo!

Terça-feira, 30 de outubro de 2018, já estávamos trabalhando para a formação do governo. Um dos primeiros atos do Bolsonaro recém-eleito foi me designar como seu **primeiro ministro — no caso, ministro especial da Transição.**

Fui nomeado no dia 5 de novembro. Começava ali a transição do Governo Temer para o Governo Bolsonaro. A transição de um novo Brasil.

8

TRANSIÇÃO DE UM NOVO BRASIL

Terça-feira, 30 de outubro de 2018, 8 horas da manhã: começo real do Governo Jair Bolsonaro. Oficialmente, nosso trabalho só começaria em janeiro de 2019, mas, pouco mais de 24 horas após o anúncio da nossa vitória, já estávamos em ação.

Estávamos na casa do presidente eleito, no Rio, tomando café e planejando os próximos passos. E ele abriu assim a reunião:

— Conversei com o presidente Temer, e ele e seu governo estão à disposição para fazermos uma transição tranquila e produtiva, que vai ser muito útil para os nossos quatro anos. **Combinei com ele que vai ter um ministro especial da Transição e tem que ser tu, Onyx.**

Assim, do jeito dele, sem rodeios, o Bolsonaro anunciou a mim o primeiro ministro escolhido. É claro que, por questões legais, eu seria ministro do Governo Temer, porque viria dele a nomeação e era a gestão vigente. Mas, na prática, eu já trabalharia pelo novo governo.

O Presidente Bolsonaro já havia definido que eu seria seu ministro-chefe da Casa Civil. Então, é claro que fazia sentido ele me escolher para coordenar a transição. Contudo, não deixou de ser uma surpresa para mim. Havia outros parceiros na nossa cúpula dignos da missão, também comprometidos e preparados. Porém, coube a mim o comando desse importantíssimo momento.

Eu fiquei muito feliz e honrado, é claro. Só de estar ali, de ajudar, de participar, com ou sem cargo, eu já estava muito feliz e realizado. Quem convive comigo sabe. É claro que estar à frente de uma missão tão significativa é uma grande conquista pessoal. Mas isso é apenas um detalhe, que perde o significado se o trabalho não for bom. E — a julgar pelo time de ministros e secretários capacitados, com projetos sólidos para o Brasil, especialistas em suas áreas, e a julgar também pelos resultados que o nosso Governo logrou — temos a certeza de que valeu a pena.

Enfim, após a indicação do Presidente Bolsonaro, fui para Brasília no outro dia. E já no começo da semana seguinte, no dia 5 de novembro de 2018, eu era nomeado "Ministro de Estado Extraordinário destinado à coordenação da equipe de transição do Presidente da República eleito". Esse era o título oficial — abreviando: ministro da Transição.

Meu ponto focal no Governo Temer, aquele com quem eu teria mais contato da gestão vigente, seria o então ministro da Casa Civil, Eliseu Padilha. A contribuição dele foi muito importante ao longo de todo o processo, assim como a demais integrantes do Governo Temer, que foi muito colaborativo.

No início, decidimos organizar os trabalhos no Centro Cultural Banco do Brasil (CCBB), que fica bem perto do Palácio do Planalto.

Em que pese toda a colaboração dos integrantes do governo que terminava, com quadros muito técnicos, dedicados, de carreira, muito cedo identificamos na estrutura do Governo Federal

Primeiro dia de trabalho na Transição, chegando no CCBB junto dos também futuros ministros Marcos Pontes e General Heleno, além do jornalista Gustavo Chaves, o advogado Adão Paiani e meu chefe de gabinete, Marco Antônio Rassier. (Capa de *O Globo*, foto de Jorge William.)

aquele problema comum a todas as estruturas públicas: **o elevado nível de aparelhamento político-ideológico dos cargos**. Isso não seria um problema nos cargos em comissão, que são de livre nomeação e livre exoneração; mas, nos cargos *fixos*, dos concursados, seria um grande entrave.

A esquerda não brinca em serviço e não titubeia em sua sina de tomar todos os espaços possíveis, como parasitas, sem respeitar a coisa pública, os interesses da população e qualquer tipo de critério. O negócio é encher tudo de *companheiros*. E, em 16 anos de PT, foi exatamente isso que foi feito, por meio de concursos direcionados.

Então, a disrupção iniciada pelo Governo Bolsonaro não se deu somente em relação ao sistema político e aos arranjos de poder no Brasil, mas também no que diz respeito às organizações internas da máquina pública. Como veremos adiante, conseguimos impor uma redução drástica na corrupção pública, ao ponto de acabarmos com os prejuízos de dezenas de bilhões de reais nas estatais federais — que, conosco, passaram a registrar lucros de bilhões de reais.

Com o Governo Bolsonaro, os protagonistas do atraso do Brasil sofreram perdas enormes:

- os corruptos da máquina pública perderam os bilhões que desviavam das estatais;
- os criminosos perderam bilhões de reais com os sucessivos recordes de apreensão de drogas;
- os corruptos da política perderam com o fim do "toma lá, dá cá";
- os chupins da velha imprensa perderam bilhões em publicidade estatal.

Quem ganhou com isso tudo? Simplesmente todo o povo brasileiro ordeiro, trabalhador, de bem, que paga todas essas contas do mau uso da coisa pública. Por isso tanto desespero, por isso tanto esforço do sistema em se reorganizar para expulsar a Jair Bolsonaro e a nós, os intrusos.

E a gênese de todos esses resultados está justamente nesse importantíssimo momento da Transição. Foi ali que, por ordem do Presidente Bolsonaro, estabelecemos os parâmetros como respeito aos interesses da população, enxugamento da máquina pública e respeito às liberdades — individuais, religiosas e econômicas.

Começo da Transição, em meados de novembro de 2018.

Uma das nossas grandes preocupações nesse momento era a **manutenção da coerência**. Quer dizer, elegemo-nos com um discurso, com um posicionamento e com valores muito claros. Para mim, para o Presidente e para os mais próximos, isso seguia firme. Porém, agora precisávamos montar um governo inteiro, com centenas, milhares de pessoas. Como fazer isso em Brasília, um ambiente tomado por pessoas cheias dos *vícios* da burocracia desrespeitadora dos interesses dos brasileiros? Não seria nada fácil.

> Mas, decidimos inspirar pelo exemplo e impor pela ordem: assim, a primeira grande definição foi a de sacramentar a redução imediata da máquina pública naquilo que é prerrogativa da própria Presidência da República — ou seja,

> a organização dos ministérios. Como se sabe, **diminuímos de quase 40 para 22 ministérios**, causando um impacto instantâneo, mas também em cascata, em toda a estrutura da União.

Para quem não sabe, o Governo Federal é muito mais do que a Presidência e seus órgãos diretos (os ministérios). Ligadas a ele estão centenas de outras estruturas, com dezenas de milhares de servidores — em Brasília e em todo o Brasil. São empresas públicas, autarquias, instituições de ensino e saúde, fundações, institutos, etc.

Além disso, apesar da natural disputa política pelos cargos do primeiro escalão, o Presidente Bolsonaro conseguiu manter a rédea firme e proceder com uma das principais quebras de paradigma impostas por seu governo. Foram muitas as disrupções, mas as nomeações presidenciais para os principais cargos caracterizaram uma das grandes inovações da nossa gestão, porque escolhemos **ministros técnicos para os cargos técnicos**.

O ministro poderia ser político ou não — isso não importava; mas ele não podia não ter domínio técnico real sobre os temas de seu ministério. Acabamos com aquela tradição da política brasileira de escolha de nomes para cargos conforme conveniências políticas. Estávamos acostumados a ver políticos sem conexão nenhuma com uma área chefiando a pasta correspondente, comandando a destinação de bilhões de reais em recursos saídos do bolso do trabalhador sem a menor noção do que estava fazendo.

Foi na Transição também que começou uma das grandes vitórias do nosso Governo e, portanto, dos brasileiros: a **Reforma da Previdência**.

Início dos trabalhos na Transição, ao lado do Presidente Bolsonaro e do General Heleno, com uma das nossas principais lideranças no Congresso, o campeão nacional de votos Eduardo Bolsonaro.

Acontece que, logo que foi iniciado o processo entre nós e as chefias e a equipe de Temer, estas sugeriram que se votasse no Congresso uma proposta de Reforma da Previdência feita pelo próprio Governo Temer, já em tramitação. Se aprovada, já começaríamos nosso governo com uma certa tranquilidade — tanto por não ter de lidar com os trâmites de um projeto tão importante como por podermos aproveitar os resultados desse projeto tão necessário.

Eu, o Presidente Bolsonaro e mais alguns, ponderamos, porém, que havia um enorme risco de trocarmos o ambiente de uma vitória histórica pelo de uma primeira e grande derrota como governo. Afinal, quem votaria essa proposta seria um Congresso *velho*, repleto de *perdedores* — deputados e senadores que não se reelegeram por conta dos novos *players* bolsonaristas, que limparam a banca nas eleições.

Ou seja, para a reforma ser aprovada, o Governo Bolsonaro, que ainda nem havia começado, teria de contar com o voto daqueles que dali a pouco perderiam o poder justamente por conta da influência de Jair Bolsonaro. Era claro que isso não daria certo.

Durante o Governo Temer, já tramitava uma proposta de Reforma da Previdência; o então Presidente propôs ao Paulo Guedes que essa proposta fosse colocada em votação antes do início do nosso Governo. Expliquei a ele esse risco político e ponderamos também o valor real desse risco. Quer dizer, o impacto dessa Reforma seria muito menor do que o impacto do projeto que nós estávamos gestando — e que viríamos a aprovar em meados de 2019, já dentro do nosso governo.

Ou seja, gastaríamos uma enorme energia política para algo que, **se** fosse aprovado, nem seria tão bom assim. O ministro Guedes compreendeu e concordou. Não autorizamos que a proposta em tramitação fosse colocada em votação — o que, meses depois, mostrar-se-ia um acerto, pois, naquela que seria a primeira grande vitória do primeiro ano de governo, **aprovaríamos a nossa Reforma da Previdência.**

O meu contato com o Presidente, em meio à Transição, obviamente acabou sendo menor do que durante a campanha. Ao menos em termos de quantidade, pois havia muito trabalho técnico e interno para ser feito por mim, enquanto ele atuava numa outra frente, um pouco mais política. Porém, em termos de qualidade, nossos contatos ficaram muito mais intensos — afinal, as análises e ponderações que tínhamos de fazer e as decisões que tínhamos de tomar juntos eram de extrema relevância.

Entrevista coletiva durante os trabalhos da Transição.

Primeira reunião da Transição com a participação do presidente eleito, 11 de novembro de 2018.

A formação da equipe de governo, do primeiro escalão, com os ministros, também foi um processo muito interessante. Alguns, como eu e o General Heleno, eram figuras já certas, anunciadas pelo Presidente já durante as eleições. Outros, porém, foram trazidos após reuniões, análises e considerações de lado a lado. Foi o caso do **Sérgio Moro**.

Como uma das principais bandeiras desse governo seria o combate à corrupção (e, de fato, foi), a vinda do Moro era algo até meio natural, esperada por todos e apoiada por milhões de brasileiros. O trabalho do Moro com a Lava-Jato havia mudado a História do Brasil e se esperava que, uma vez no governo, ele pudesse fazer ainda mais.

> Hoje, meados de 2023, enquanto finalizo este livro, sabemos de todo o revanchismo e de todas as injustiças de que a Lava-Jato e seus protagonistas estão sendo vítimas, ao mesmo tempo em que os corruptos de ontem acumulam poder e gozam de vinganças. Mas a história e a verdade não podem ser apagadas. O sistema se reorganizou e retomou a hegemonia temporal, mas a Verdade é eterna.

Eu tive contato com o Moro muitos anos antes disso tudo. Desde 2005, quando o convidamos ao Congresso para falar sobre combate à corrupção no contexto do Mensalão. À época, ele desenvolvia um trabalho que viria a originar a Lava-Jato. Depois, quando do episódio das 10 Medidas Contra a Corrupção, em 2016, ele também participou ativamente; chegamos, inclusive, a debater o meu relatório por sete horas.

Porém, quem foi decisivo para a vinda de Moro para o Governo foi o **Paulo Guedes**. O "Posto Ipiranga" era outro que já estava entre nós desde as eleições e nos ajudou muito em importantes articulações, sendo o convite ao Moro a principal delas.

Cenas da Transição, 12 de dezembro de 2018.

E assim seguimos montando o governo mais disruptivo, corajoso, inovador, transparente, honesto, resolutivo e patriota que o Brasil teve em muitas décadas. Além de mim, na Casa Civil, e do Paulo Guedes, na Economia, logo se somariam nomes desconhecidos do cenário político, justamente porque nossos ministérios não seriam utilizados como armários para *cabides de emprego* de apoiadores políticos.

Em vez disso, **escolhemos ministros absolutamente alinhados aos valores dos brasileiros e extremamente capacitados para o ministério que assumiam**. Poderiam ser políticos ou não — isso era secundário; o principal era serem do ramo, entenderem muito sobre a área que comandariam.

Na Ciência e Tecnologia, um cientista: o astronauta **Marcos Pontes**. Na Agricultura, uma das grandes lideranças do setor: **Tereza Cristina**, deputada federal de grande destaque nos anos recentes, uma aposta certeira que eu fiz e que o Presidente acolheu, uma mulher que viria a transformar a agricultura brasileira. No Gabinete de Segurança Institucional, um especialista no tema, o **General Augusto Heleno**. Para o Ministério da Mulher, da Família e dos Direitos Humanos, uma mulher, mãe, pastora, uma humanista de intenso trabalho social e missionário, **Damares Alves**.

Na Transição, com a então pastora, depois ministra e hoje senadora Damares Alves, no momento do seu anúncio como integrante do primeiro escalão do Governo.

Sobre a ministra Damares, é legal contar que o seu ministério não estava previsto originalmente. Ainda na transição, recebemos um dia a bancada feminina do Congresso, liderada pela deputada Soraya Santos (PL/RJ). As parlamentares, na ocasião, insistiram muito na necessidade de um ministério específico para cuidar de mulheres e família.

Jair **Bolsonaro, pintado como *machista* pela imprensa ideológica, criou então, ali mesmo, esse ministério.** A partir disso, começamos a contemplar as possibilidades de chefes para essa nova pasta, até chegar na querida e competente Damares Alves.

Para chanceler, um diplomata de respeito, grande inteligência e — coisa rara... — a serviço do Brasil e dos brasileiros: **Ernesto Araújo**. No Banco Central, com autonomia prática e, depois, legal, **Roberto Campos Neto** — um economista herdeiro de uma das mentes mais iluminadas deste país. No Ministério de Minas e Energia, colocamos um militar com carreira na área de ciência, tecnologia e energia: **Bento Albuquerque**. Na Infraestrutura, um capitão que viria a revolucionar o setor: **Tarcísio de Freitas**.

Vale mencionar aqui na Transição uma figura importantíssima nesse momento e depois, durante todo o primeiro ano de Governo: o hoje ministro do Tribunal de Contas da União **Jorge Antonio de Oliveira Francisco**. À época das eleições de 2018, ele era policial militar da reserva e consultor jurídico, além de chefe de gabinete de Eduardo Bolsonaro na Câmara. Jorge Oliveira participou ativamente da montagem do Governo e de todo o planejamento que nos permitiria conquistar importantes resultados para o Brasil a partir de 2019.

Trabalhando sério num setor livre de polêmicas e com todo o espaço dado pelo Presidente Bolsonaro, o capitão Tarcísio saiu de ministro do Governo Federal para governador do Estado de São Paulo.

E mais importante ainda ele foi a partir do começo do Governo mesmo, quando ele virou **subchefe para Assuntos Jurídicos (SAJ)** da Presidência, ocupando um cargo de importância vital para o andamento dos nossos projetos. Conforme vou contar no próximo capítulo, todas as ações do Governo passavam necessariamente pela Casa Civil, chefiada por mim. E a validação jurídica de tudo isso passava especificamente pelo setor comandado pelo Jorge Oliveira, a SAJ.

Então, durante todo o ano de 2019, eu e o Jorge concentrávamos o fluxo de todas as grandes ações do Governo Bolsonaro. E, antes disso, durante a Transição, articulamos juntos esse importante momento de formação de um governo. Outros colegas importantíssimos em todo o processo foram o Pedro e o Célio.

Pedro César Nunes Ferreira Marques de Souza virou o SAJ quando o Jorge foi alçado ao TCU. Antes, havia sido chefe de gabinete de Jair Bolsonaro enquanto deputado (substituindo justamente justamente o pai do Jorge Oliveira, que falecera) e enquanto Presidente. Por fim, o Pedro acabou sendo ministro da Secretaria Geral da Presidência da República — cargo que eu também ocuparia.

Já o amigo Célio Faria Júnior, que também sempre esteve conosco, começou o Governo como assessor especial do Presidente Bolsonaro; depois, assumiu como chefe de gabinete do PR, quando o Pedro virou SAJ; e, por fim, virou ministro da Secretaria de Governo. O Célio, o Pedro e o Jorge são exemplos de assessores que acabaram saindo das sombras para posições de destaque mas que, de um jeito ou de outro, sempre se empenharam e fizeram a diferença.

Ao destacar esses três colegas de jornada, rendo homenagem a todos os homens e mulheres que se dedicaram à construção de um novo Brasil — dos mais simples aos mais graduados, todos imbuídos num governo verdadeiramente transformador e servo das vontades dos brasileiros.

Um choque inevitável

General Heleno, General Braga Netto, General Pazuello, General Floriano Peixoto, Almirante Bento Albuquerque, Almirante Ilques Barbosa, Almirante Garnier Santos, General Ricardo Marques Figueiredo, General Oswaldo Ferreira e muitos, muitos outros mais ou menos conhecidos. É enorme a lista de militares patriotas, dedicados a servir aos brasileiros e de valores elevados e inabaláveis com quem tive a honra de ombrear no Governo Bolsonaro.

Alguns outros, porém, não se encaixam nessa lista — ou por lhes faltarem patriotismo e valores, ou por lhes faltar coragem, ou por lhes sobrarem covardia e arrivismo. Muitos destes não fizeram campanha para Jair Bolsonaro em 2018. Ao contrário, desprezaram a possibilidade de o Capitão vir a se eleger — seja pelo despeito de ver um *inferior* na hierarquia militar ascender politicamente, seja por simples limitação e obtusidade. No Presidente, por sua vez, sobra a humildade e o respeito, que neles são escassos; de modo que foram convidados a fazer parte do Governo. E, assim, sobreveio um choque inevitável.

Por arrogância e soberba, essas figuras não enxergavam valor em quem fez história, em quem tirou um candidato improvável do baixo clero, ganhou a Presidência e acabou lhes dando a oportunidade de estarem ali, atuando no Governo Federal. Não respeitavam aqueles que eram responsáveis por seus cargos, por suas gratificações, por seus assessores.

Ou seja, desprezavam a nós: políticos de direita, liberais-conservadores e políticos e assessores que eram alunos ou admiradores do Professor Olavo de Carvalho. Em suma, desprezavam a quem quer que não tivesse quatro estrelas e/ou não fosse um burocrata obtuso que vive em negação quanto à guerra cultural e política através da qual a esquerda destrói a pátria e a nação que eles juram defender.

Não creio que eles agissem para sabotar o governo — em geral, ao menos. Porém, empoderados pela bondade e confiança do Presidente (que acreditava estarem todos no mesmo barco, remando juntos para o mesmo lado), agiam para impor sua visão limitada e tecnicista, que desconsidera as nuances ideológicas do jogo político, como se fosse possível vencer um inimigo fortemente armado sem a utilização de arma alguma.

Como disse, não acredito que (em geral) eles estavam lá para sabotar, para favorecer o inimigo. Nada disso. Como em todos os ambientes humanos, num governo há pessoas de todos os tipos. Em geral, todas querem acertar, mas algumas não enxergam as coisas como elas são e, alimentados pela soberba de altos cargos e insígnias, recusam-se a ouvir quem entende mais do que eles. Foi o caso.

Não é que eles não queriam fazer o bem pelo Brasil e pelos brasileiros; porém, eles achavam que seria possível fazê-lo de modo meramente técnico, sem perceber que lutávamos numa guerra assimétrica e altamente injusta, contra todo um sistema vicioso nutrido, por décadas, por ideologias assassinas de esquerda e por criminosos inescrupulosos. De modo até ingênuo, criam estar num tabuleiro meramente técnico, em que seria possível governar tranquilamente, como se o governo não estivesse inserido num contexto podre, corroído, viciado e entorpecido.

Isso tudo está claro hoje para todos graças a tudo o que se viu ao longo de quatro anos de governo. Mas eu falo sobre isso aqui, no capítulo da Transição, porque para nós, que estávamos lá dentro, esse **inevitável choque entre militares tecnicistas e obtusos e liberais-conservadores com visão e iniciativa** já se desenhou claramente naquelas semanas finais de 2018.

Foi na Transição que eu percebi que teríamos esse problema e que ele poderia realmente comprometer o trabalho — como, em muitas vezes, comprometeu. Identificamos de imediato que alguns estavam ali ou para cuidar dos seus interesses arrivistas ou (a maioria) para trabalhar *errado*, com a visão errada da coisa toda.

Inclusive, essas figuras colaboraram decisivamente para minar a imagem dos *bolsonaristas* do Governo Bolsonaro — ou seja, os liberais-conservadores com valores naturais, populares, de direita, naturalmente intrínseco aos brasileiros normais. É daí que vem a narrativa maliciosa contra a **ala ideológica do Governo Bolsonaro**.

Ideologia, na prática, é **um conjunto de ideias descoladas da realidade** e destinadas a moldar a realidade conforme o pensamento dos ideólogos, que, por isso, se utilizam de meios revolucionários (violentos ou não). Afinal, precisam *violentar* a realidade até que ela se amolde aos seus pensamentos insanos. Por exemplo: se o povo é, em sua quase totalidade, contra as drogas e o aborto e não tolera criminosos, os ideólogos vão manipular a formação escolar e a informação midiática à exaustão, a fim de mudar o pensamento natural da população.

Ora, **a direita conservadora é justamente o oposto disso**. Por entender e respeitar as visões e os valores genuínos dos brasileiros, nossa disposição é diametralmente oposta à dos revolucionários da academia e do jornalismo: nós trabalhamos para livrar o Brasil das drogas, do aborto e dos criminosos — exatamente como querem os brasileiros. **Quem faz isso é qualquer coisa, menos representante de uma *ala ideológica*.**

Quem, de dentro do Governo, ajudou a nos caracterizar como *ala ideológica* prestou um enorme desserviço ao Governo, ao Presidente que neles confiou e ao Brasil. E o fez ou por inocente (mas indesculpável) estupidez, ou por simples mendacidade.

Para agravar esse cenário, percebemos também já na Transição o levante de um outro grupo de interesse dentro do Governo: **o estamento burocrático**.

Foi o cientista político brasileiro Raymundo Faoro quem desenvolveu a expressão *estamento burocrático*, inspirado no intelectual alemão Max Weber e colocado em circulação mais recentemente no debate público brasileiro (como quase sempre) por Olavo de Carvalho.

> O **estamento burocrático** é o conjunto das estruturas institucionais organizadas sob o pretexto de cuidar da coisa pública, mas que, na prática, subjugam os interesses de todos aos ganhos e privilégios de poucos. Nesses ganhos incluem-se, é claro, os ilícitos, advindos da corrupção; mas há também muitos — muitos! — privilégios lícitos, legalizados, institucionalizados —, todos exorbitantes, injustificáveis e absurdos, mas transformados em direitos e lavrados em lei.

É claro que nos deparamos com muitos técnicos empenhados, servidores de carreira realmente trabalhadores, honestos e atentos à missão de seus cargos. Contudo, muitos eram também aqueles que estavam lá (e lá seguirão) para cuidar de seus interesses pessoais.

Estes se subdividem entre *interesseiros passivos e ativos*, digamos assim. Os primeiros, os passivos, são adeptos da **lei do mínimo esforço** — para o bem e para o mal. Cumprem seu horário, fazem o mínimo possível e, se virem a corrupção acontecendo diante de seus olhos, fazem de conta que não viram, para não se incomodarem. Pecam, portanto, por omissão. Já os interesseiros ativos são os que normalmente se imiscuem em *negocinhos*; são os agentes da corrupção, sendo eles corruptores ou corrompidos. Pecam por ação.

Juntos, **os integrantes passivos e ativos do estamento burocrático conformam boa parte da explicação de por que o Brasil não vai para frente**. E notamos já na Transição que também com eles teríamos grandes choques, inevitavelmente. Até porque, como servidores de carreira, eles não poderiam ser simplesmente demitidos. Ficariam (e ficarão enquanto quiserem) atuando dentro do sistema.

◊◊◊

Como se vê, logo na Transição já percebemos que os adversários do Governo, do Brasil e dos brasileiros não estavam apenas lá fora. O crime, a velha imprensa e parte do sistema instituído conformavam, sim, um arranjo poderoso e quase imbatível. Isso já era problema demais. Porém, além disso, ainda tínhamos inimigos na trincheira. Alguns faziam-se inimigos por estupidez e obtusidade; outros, por malícia e interesse. Contudo, todos foram grandes obstáculos.

Ainda assim, com todos os percalços e com todos esses agentes jogando contra, todo o trabalho feito foi bonito demais, significativo demais e, principalmente, resolutivo demais. E muito disso se deve justamente a aspectos da abnegação e da humildade de Jair Bolsonaro que pouca gente vê, porque pouca gente sabe.

Se a *base bolsonarista*, a ala militar tecnicista e o estamento burocrático juntos — além dos grupos políticos mais neutros (de centro) que se somariam depois — conseguiram realizar feitos tão grandiosos em quatro anos de governo, é porque havia capitão nesse barco. Um capitão capaz de levar o barco adiante, mesmo com remadores tão diferentes entre si.

E isso só foi possível porque esse capitão sempre colocou os objetivos maiores, do Brasil e dos brasileiros, acima de tudo. Foi assim que ele conseguiu suportar essas diferenças, tolerar as discordâncias internas e levar a nau adiante.

Sob todos os aspectos, o legado é gigante. Falemos dele.

Últimos momentos de Transição: reunião ministerial na Granja do Torto, em fins de dezembro de 2018.

9

UM GOVERNO PARA A HISTÓRIA

Especialmente neste capítulo, farei uma narrativa mais ou menos linear, quase que mês a mês. Esta linha do tempo, contudo, será pontuada por fatos anteriores e posteriores àqueles que narrarei. Contarei aqui o que fizemos no primeiro ano do Governo Bolsonaro, iluminando essa narrativa com os objetivos traçados anteriormente e, sobretudo, com os resultados conquistados posteriormente ou, ainda, com os desdobramentos mais recentes, após o fim do Governo.

E assim procedo especialmente neste capítulo, sobre o ano de 2019, porque foi um ano muito intenso, de muitas conquistas e, principalmente, plantio para conquistas futuras — em curto, médio e longo prazos. O Brasil que enfrentou uma pandemia como poucos países e fechou 2021 e 2022 batendo recordes de emprego em meio a uma crise mundial, por exemplo, foi plantado aqui, em 2019, durante o primeiro ano de Governo.

> Foi no nosso primeiro ano de gestão que nasceu o Brasil que conquistaria um respeito mundial inédito, com atração de investimentos bilionários, que bateria todos os recordes de apreensão de drogas e de queda da violência, que faria

reformas históricas e que combateria a corrupção de um modo jamais visto. E eu tive a honra de fazer parte disso, à frente da Casa Civil, que estabelecemos como Centro de Governo, no padrão dos países da OCDE, e essa estrutura foi a alavanca para o sucesso do nosso trabalho, com organização, método e estratégias bem executadas, sendo essencial para colhermos resultados em todas as áreas do Governo, com o objetivo de bem servir ao Brasil e aos brasileiros.

Minha posse como ministro da Casa Civil, pelas mãos do Presidente Bolsonaro.

Conforme antecipei no capítulo anterior, a respeito da Transição, em 1.º de janeiro de 2019 se concretizaria aquilo em que, junto do Presidente Jair Bolsonaro, eu pude trabalhar: a formação de uma equipe de ministros em geral técnicos, com formação e/ou atuação voltada para a área a qual chefiariam.

Uma das minhas atribuições era comandar, ao lado do Presidente e do Vice, General Hamilton Mourão, o Conselho de Ministros. Naturalmente, esse era um grupo permanente de trabalho, pois reunia os líderes de cada uma das áreas do Governo. Reuníamo-nos periodicamente com o Presidente, como na imagem a seguir, da primeira reunião geral:

Primeira reunião oficial do Conselho de Ministros, em 3 de janeiro de 2019.

Recordando-me das reuniões do Conselho de Ministros, dou-me conta de que o Governo Bolsonaro foi disruptivo num nível que somente à luz da História as pessoas em geral serão capazes de perceber. Foi uma dessas reuniões que virou objeto de debate nacional, em 2020, quando o STF ordenou a entrega da gravação da reunião.

> Naquele momento, o Brasil inteiro pôde contemplar algo inédito: um Presidente trabalhando com os seus ministros longe dos olhos do público e, portanto, de modo totalmente natural e honesto. Se fôssemos um governo sujo, não haveria como esconder; porém, o que se viu foi um Presidente completa e integralmente focado em encontrar soluções para os brasileiros — e nada mais.

Ninguém é perfeito, é claro, mas Jair Bolsonaro foi um líder de nação e de governo como poucos. Eu convivo com políticos há mais de 30 anos; já tive a oportunidade de lidar com todo tipo de gente, alguns mais honestos e sinceros, outros menos. E, mesmo entre os honestos, é muito raro vermos alguém que atue sem máscaras, sem disfarces. Alguém que age da mesma maneira em público e em reservado. Isso é muito, muito raro. E Jair Bolsonaro é uma dessas raridades.

Ele mesmo nunca se vendeu como alguém perfeito, imaculado. Sempre soube das suas limitações e, como um verdadeiro líder, procurou cercar-se de assessores dignos de serem incumbidos de cumprir as importantes missões que havia para ser cumpridas. E eu tive a honra de estar nesse grupo e a graça de Deus de ser um dos protagonistas da eleição de Jair Bolsonaro, da formação do seu governo e da condução das principais políticas de governo durante mais de um ano.

E igualmente honrado estaria se o Presidente me designasse para ser ministro em outra pasta ou para ser um assessor menor ou o que quer que fosse. Eu sempre dizia: "Capitão, você é o técnico, eu jogo com a camisa que você me der. Se for para cuidar do jardim, farei com alegria e da melhor forma possível!" Como um imperfeito mas dedicado servo de Deus, eu tenho a noção de que **não existe trabalho maior ou menor; toda missão lícita é grandiosa aos olhos do Senhor.**

E quis o Senhor que eu sempre estivesse em missões grandiosas também aos olhos dos homens. Além de estar ao lado do Presidente comandando o Centro de Governo, em 2019 eu o representei em um momento de grande simbolismo: a **abertura do ano legislativo**, no Congresso, quando é lida uma mensagem presidencial e, com isso, o Executivo estabelece o tom do relacionamento com a Câmara dos Deputados e o Senado.

Em nome do Presidente, fui ao Congresso em fevereiro de 2019 e manifestei a disposição do Governo Federal em trabalhar em conjunto por um novo Brasil. Infelizmente, ao longo do ano, nós (o Governo e os brasileiros) demos com a cara na porta do Congresso por muitas vezes, graças especialmente ao comando da Câmara, disposto a agir de forma politiqueira, com uma indisposição sistemática.

Ainda assim, mesmo com toda a guerra unilateral contra os projetos e as reformas em favor de mudanças para os brasileiros, logramos avanços importantíssimos. A **Reforma da Previdência** do Governo Bolsonaro foi uma delas.

Abertura do ano legislativo, 4 de fevereiro de 2019.

Reformando o Brasil, desmamando os bezerros

A Reforma da Previdência foi iniciada com **um dos tantos gestos de tentativa de superação das diferenças por parte do Presidente.** Dispensando articuladores e outros intermediários, o republicano e estadista chefe do Executivo saiu a pé do Palácio do Planalto, acompanhado por ministros como eu, o General Heleno e outros, atravessou a Esplanada dos Ministérios, entrou no Congresso e foi até o presidente da Câmara entregar o projeto da Reforma.

Ao lado do Presidente Bolsonaro, entregando o projeto da Reforma da Previdência aos deputados, em março de 2020.

Vale mencionar que algo inédito no contexto dessa Reforma aconteceu no Brasil: ela recebeu apoio popular, com manifestações de rua pressionando o Congresso em favor de sua aprovação. Considero isso em si o símbolo da mudança de mentalidade dos brasileiros, do despertar de uma nação cansada de ser subjugada. Em Brasília e em várias cidades país afora, milhões de pessoas foram às ruas apoiar as políticas do Governo Bolsonaro.

A Reforma da Previdência traz consigo, também, outros dois pontos muito significativos.

Primeiro, o **enterro do "toma lá, dá cá"**: como chefe da Casa Civil e, naquele ano de 2019, responsável pela articulação política do Governo, não usei em momento algum o famoso expediente da troca de favores, de cargos e outras vantagens.

Por isso, a imprensa, alimentada por parlamentares de oposição e por alguns que depois se revelariam traidores, batia tanto numa suposta "falta de articulação". De fato, considerando o que sempre foi a tal da articulação com base em negociatas a que o sistema estava acostumado, realmente, aí nós não articulávamos mesmo.

Isso não significa, por exemplo, que não havia pessoas indicadas por políticos trabalhando no Governo. Mas isso somente aconteceria — ao menos no que estava ao alcance do nosso controle — **se o indicado fosse capacitado para a função que exerceria**. Aí sim, sem problemas; afinal, é melhor ter pessoas de confiança do que desconhecidos ocupando os postos.

Votação da Reforma da Previdência na Câmara, em fins de julho de 2019.

Então, a nossa articulação era como deveria ser a articulação política entre Executivo e Legislativo: com base nas pautas e na busca de soluções para melhorar de verdade a vida de quem paga a conta disso tudo, que é o povo brasileiro. Aplicar isso, contudo, foi absurdamente difícil.

> As relações baseadas no *toma lá, dá cá* já faziam parte do cotidiano de Brasília de um modo tão natural, há tanto tempo, que o pessoal nem se envergonhava mais. Era esse o jogo estabelecido havia décadas. Por isso que, à época, eu sempre dizia que **o desmame dos bezerros das gordas tetas do Estado seria dolorido**. E foi. Mas, ao menos em 2019, enquanto eu estive na Casa Civil, à frente da articulação do Governo, o Governo Bolsonaro correspondeu aos anseios do povo brasileiro e passou por cima da corrupção institucionalizada, **enterrando as negociatas de gabinete**.

E, por mais difícil que tenha sido, foi recompensador. Afinal, aprovamos a Reforma da Previdência de um modo histórico. Durante mais de 30 anos, governos que não eram criticados por *falta de articulação*, que tinham maioria no Congresso, que davam cargos e poderes a todos os partidos, que até compravam apoio com emendas e mesmo corrupção, enfim, nenhum dos vários governos muito bem *articulados* conseguiu fazer a Reforma da Previdência.

Pois nós, o governo que supostamente *não articulava*, fizemos uma grande reforma, que tornava mais sustentável o sistema previdenciário brasileiro, encaminhando-o para o fim do abismo entre a maioria que recebia muito pouco e a minoria privilegiada pelas superaposentadorias.

E fizemos mais. Também em 2019, demos início a uma verdadeira revolução no ambiente de negócios do Brasil com base no liberalismo econômico, com a Lei de Liberdade Econômica. Algo inédito e histórico e, mais uma vez, cumprindo com aquilo que prometemos na campanha eleitoral — no caso, "**tirar o Estado do cangote de quem empreende e trabalha**", como sempre disse o Presidente Bolsonaro.

A **Lei de Liberdade Econômica** é um conjunto de disposições legais com o objetivo de inverter a lógica paralisante da burocracia brasileira e destravar o ambiente de negócios do Brasil. Abertura de empresas, fechamento e baixa de CNPJ, obtenção de alvarás e outros licenciamentos, prestação de informações, enfim, absolutamente tudo que envolve a rotina empresarial foi amplamente facilitado e agilizado pelo Governo para os empreendedores e trabalhadores em geral.

> Não é exagero dizer que, por exemplo, durante a calamidade pública ocasionada pelo insano *fecha-tudo* durante a pandemia, milhões de brasileiros não passaram fome graças à Lei de Liberdade Econômica. Mecanismos da lei, como a **isenção de alvará para negócios de baixo risco**, permitiram a abertura e o funcionamento de milhões de empresas individuais e pequenos negócios durante o caos sanitário de 2020 e 2021.

A Lei de Liberdade Econômica é um verdadeiro caso de sucesso em gestão pública, pois, além de causar efeitos de curtíssimo prazo, resolvendo urgências da população, trata-se também de um projeto de longo prazo, que beneficiará os brasileiros por muitos anos.

O PRESIDENTE da República, Jair Messias BOLSONARO, promulgou Medida Provisória em razão de relevância e urgência para RECUPERAR e SALVAR a economia brasileira.

DECLARAÇÃO DOS DIREITOS DE LIBERDADE ECONÔMICA
DA
REPÚBLICA FEDERATIVA DO BRASIL

Art. 3º São direitos, de toda pessoa natural ou jurídica, essenciais para o desenvolvimento e crescimento econômicos do país, e derivados do art. 170, parágrafo único, da Constituição Federal, os seguintes:

I — desenvolver, para sustento próprio ou de sua família, atividade econômica de baixo risco, para a qual se valha exclusivamente de propriedade privada própria ou de terceiros consensuais, sem a necessidade de atos públicos de liberação da atividade econômica;

II — produzir, empregar e gerar renda, assegurada a liberdade para desenvolver atividade econômica em qualquer horário ou dia da semana, observada a legislação trabalhista (e alíneas);

III — não ter restringida, por qualquer autoridade, sua liberdade de definir o preço de produtos e de serviços como consequência de alterações da oferta e da demanda no mercado não regulado, ressalvadas as situações de emergência ou de calamidade pública, quando assim declarada pela autoridade competente;

IV — receber tratamento isonômico de órgãos e de entidades da administração pública quanto ao exercício de atos de liberação da atividade econômica, hipótese em que o ato de liberação estará vinculado aos mesmos critérios de interpretação adotados em decisões administrativas análogas anteriores, observado o disposto em regulamento;

V — gozar de presunção de boa-fé nos atos praticados no exercício da atividade econômica, para os quais as dúvidas de interpretação do direito civil, empresarial, econômico e urbanístico serão resolvidas de forma a preservar a autonomia de sua vontade, exceto se houver expressa disposição legal em contrário;

VI — desenvolver, executar, operar ou comercializar novas modalidades de produtos e de serviços quando as normas infralegais se tornarem desatualizadas por força de desenvolvimento tecnológico consolidado internacionalmente, nos termos estabelecidos em regulamento, que disciplinará os requisitos para aferição da situação concreta, os procedimentos, o momento e as condições dos efeitos;

VII — implementar, testar e oferecer, gratuitamente ou não, um novo produto ou serviço para um grupo privado e restrito de pessoas maiores e capazes, que se valerá exclusivamente de propriedade privada própria ou de terceiros consensuais, após livre e claro consentimento, sem requerimento ou ato público de liberação da atividade econômica, exceto nas situações restringidas;

VIII — ter a garantia de que os negócios jurídicos empresariais serão objeto de livre estipulação das partes pactuantes, de forma a aplicar todas as regras de direito empresarial apenas de maneira subsidiária ao avençado, hipótese em que nenhuma norma de ordem pública dessa matéria será usada para a parte que pactuou contra ela, exceto se para resguardar direitos tutelados pela administração pública ou de terceiros alheios ao contrato;

IX — ter a garantia de que, nas solicitações de atos públicos de liberação da atividade econômica, o particular receberá imediatamente um prazo expresso que estipulará o tempo máximo para a devida análise de seu pedido e que, transcorrido o prazo fixado, na hipótese de silêncio da autoridade competente, importará em aprovação tácita para todos os efeitos, ressalvadas as hipóteses expressamente vedadas na lei; e

X — arquivar qualquer documento por meio de microfilme ou por meio digital, conforme técnica e requisitos estabelecidos em regulamento, hipótese em que se equiparará a documento físico para todos os efeitos legais e para a comprovação de qualquer ato de direito público.

Brasília, 30 de abril de 2019, 198º da Independência e 131º da República.

Jair Messias Bolsonaro
Presidente da República Federativa do Brasil

Onyx Dornelles Lorenzoni
Ministro-Chefe da Casa Civil

André Luiz de Almeida Mendonça
Advogado-Geral da União

Paulo Roberto Nunes Guedes
Ministro de Estado da Economia

Sérgio Fernando Moro
Ministro de Estado da Justiça e Segurança Pública

E isso graças a suas bases de aplicação regionalizada. Ou seja, **estados e municípios devem ajustar os seus ambientes de negócios às diretrizes da Lei.**

Para dar um exemplo: em Porto Alegre, a Lei de Liberdade Econômica foi proposta pelo então vereador Ricardo Gomes, com aplicação do secretário de Desenvolvimento Econômico do município Rodrigo Lorenzoni, meu filho. (Depois, como deputado estadual, o Rodrigo seria o proponente da Lei em nível estadual.) A iniciativa do Ricardo e do Rodrigo iniciou uma mudança histórica no empreendedorismo de Porto Alegre, que deixou de ser uma das capitais mais burocráticas do país e passou ao posto de sexta melhor cidade para se empreender no Brasil.

«A Lei de Liberdade Econômica foi uma verdadeira revolução legada pelo Governo Bolsonaro ao Brasil e aos brasileiros. Ela deu as bases e o caminho para que nossa economia se desenvolvesse durante a maior crise mundial dos últimos tempos e também para que empreendedores de todos os tamanhos, especialmente os menores, prosperassem no médio e longo prazo. Graças a essa lei, hoje, em Porto Alegre, por exemplo, a cada 10 empresas, sete estão dispensadas da necessidade de alvará, por serem consideradas de baixo risco, o que confere muito mais agilidade e simplificação para os negócios. Além disso, atualmente, você constitui uma empresa na cidade em apenas 10 minutos! Ou seja, é muito rápido até você ter contrato social, inscrição municipal e estadual e CNPJ. Você abre a empresa às 10 horas da manhã e antes das 11 está emitindo nota fiscal!»

Rodrigo Lorenzoni.

É preciso avançar um pouco no tempo aqui para mostrar os resultados de mais este legado que deixamos para o Brasil já no primeiro ano do nosso Governo. Vamos a junho de 2022, quando o Ministério da Economia divulgou dois dados que atestam por si só toda a revolução da Lei de Liberdade Econômica. E, para melhorar a compreensão, vamos comparar com os mesmos dados dos governos do PT:

◊ **abertura de empresas**: com quatro mandatos, totalizando 14 anos, nos governos de Lula e Dilma foram abertas 8 milhões de novas empresas; já no Governo Bolsonaro, esse número foi alcançado em menos de um mandato — entre 2019 e meados de 2022, mais de 8,1 milhões de novas empresas surgiram no Brasil;

◊ **tempo para abertura de uma empresa**: em dezembro de 2018, antes de assumirmos o governo, levava-se em média 5 dias e 8 horas para se abrir uma empresa; com Bolsonaro, **pela primeira vez na História, os brasileiros passaram a levar menos de um dia para abrir um negócio** — 23 horas em média em junho de 2022.

E toda essa revolução, que depois colaboraria com os recordes de emprego do Brasil em 2021 e 2022, foi feita em 2019, pelo governo que supostamente *não articulava...*

Falando em liberdade, é preciso mencionar também nossa atuação em favor da defesa da vida de cada brasileiro de bem.

A imagem a seguir é de junho de 2019, quando fui convidado pela Comissão de Constituição e Justiça da Câmara Federal para prestar esclarecimentos, em nome do Governo, a respeito da política de **facilitação do acesso às armas pelos brasileiros de bem**, devidamente treinados, testados e licenciados.

Além da satisfação de estar novamente no ambiente no qual vivi intensamente por 16 anos, tive o prazer de defender uma série de iniciativas de um Governo que serve à maioria, a quem paga a conta e, até então, vivia amedrontado num país que privilegiava o crime. Afinal, quando um governo amplia o acesso a armas legais para cidadãos idôneos, o que há para explicar?

Alguns diziam que, antes do Governo Bolsonaro, os brasileiros viviam uma guerra assimétrica contra os criminosos. Eu discordo. Numa guerra, você tem dois lados combatendo, guerreando; se um dos lados estiver mais armado que o outro, ela será assimétrica. Não era o caso do Brasil. Aqui, o que havia antes de Jair Bolsonaro era um puro e simples **massacre**, que é o que acontece quando somente um lado bate e o outro só faz apanhar.

Durante os **governos petistas, os brasileiros foram desarmados**. Assim como foram desarmados os russos no comunismo soviético e os alemães (especialmente os judeus) no nazismo. Também as forças de segurança foram claramente sucateadas, perdendo poder de fogo, com armas, equipamentos e veículos em menor qualidade e quantidade que o crime. E também foram diminuídas, com limitações legais para agir contra bandidos empoderados por parte da *justiça* e da polícia, perderam.

Nós invertemos essas lógicas perversas. E, mais uma vez, eu tive a honra de colaborar com mais essa revolução — com as políticas pensadas na Transição e aplicadas a partir de 2019, com nosso trabalho na Casa Civil sendo o centro disso tudo. Para começar, conforme já demonstrado, acabamos com o "diálogo cabuloso com o crime", abalando seriamente as estruturas do **crime, que é uma das grandes forças do sistema** no Brasil, com poder e influência em todas as outras instâncias.

> Sabe aquelas decisões judiciais revoltantes, aquelas leis absurdas e aquelas abordagens midiáticas revoltantes, todas estranhamente favoráveis a criminosos e prejudicando policiais e brasileiros comuns em geral?
> Pois é...

Não foi por acaso que o sistema se mobilizou tanto para, em 2022, retomar a hegemonia do poder. O tráfico não aguentaria mais quatro anos de Jair Bolsonaro. Voltamos a valorizar nossas forças de segurança, com pesados investimentos em equipamentos, armas, efetivo e condições de trabalho.

Além das condições materiais para as polícias cumprirem com suas missões, **oferecemos algo intangível e que os agentes de segurança pública não tinham havia muitos anos: respaldo**. Ao longo de quatro anos, não foram poucos os relatos de policiais que me contaram que o simples fato de um Governo apoiar as forças de segurança já fez o crime recuar, recolher-se um pouco. Ou seja, **o simples fim da sensação de impunidade** foi o suficiente para reduzir boa parte da ação dos criminosos.

Nossa defesa da óbvia e esquecida noção de que bandido é bandido e não vítima mudou muita coisa. Antes, policiais e demais agentes eram constrangidos por governantes que partiam de princípios absurdos, como "bandido é vítima da sociedade" e "a polícia é opressora e fascista". Isso acabou no Governo Bolsonaro. Com isso e com os investimentos, os resultados incontestáveis foram se apresentando.

Em meados de 2022, a informação era de que **a média anual de apreensão de cocaína subira 68%; a de maconha, 134%!** Isso representa milhões de toneladas de drogas a menos nas ruas e bilhões de reais a menos nas mãos dos criminosos e de seus *apoiadores* (digamos assim...).

Além de enfraquecer o tráfico, fortalecemos a autodefesa. Então, além do *diálogo cabuloso*, **acabou para o crime também a vida fácil de quem podia massacrar uma população desarmada**, enquanto as forças de segurança eram enfraquecidas e paralisadas. Foi isso que eu fui defender na CCJ em junho 2019.

E foi assim que batemos todos os recordes de diminuição da violência no Brasil. Já no primeiro ano de Governo Bolsonaro, em 2019, conquistamos **a maior queda percentual de homicídios da História: –19%**. Em 2021, o Brasil registrou o menor número de assassinatos nas últimas décadas: 41 mil, sendo que nos tempos do PT caminhávamos para os 70 mil por ano.[1]

> **g1** — MONITOR DA VIOLÊNCIA
>
> ## Número de assassinatos cai 7% no Brasil em 2021 e é o menor da série histórica
>
> País teve 41,1 mil mortes violentas no ano passado - o menor número desde 2007, ano em que o Fórum Brasileiro de Segurança Pública passou a coletar os dados. Índice nacional de homicídios criado pelo g1 é baseado em dados oficiais dos 26 estados e do Distrito Federal.

Com o PT, a população foi desarmada e os criminosos, que não leem estatutos, armaram-se cada vez mais, ficaram mais covardes e violentos e o Brasil viu a criminalidade, os assassinatos e a drogadição dispararem. Com Bolsonaro, as pessoas de bem

---

[1] G1, "Número de assassinatos cai 7% no Brasil em 2021 e é o menor da série histórica": https://g1.globo.com/monitor-da-violencia/noticia/2022/02/21/numero-de-assassinatos-cai-7percent-no-brasil-em-2021-e-e-o-menor-da-serie-historica.ghtml.

voltaram a ter acesso a armas — e os assassinatos despencaram de forma inédita. O crime passou a ser reprimido de verdade — e todos os recordes de apreensão de drogas foram batidos.

Esses dados e esses fatos ajudam a responder claramente a pergunta mais premente do Brasil nos últimos anos: A QUEM INTERESSA SILENCIAR A DIREITA?

◊◊◊

Sabemos, hoje, em meados de 2023, enquanto finalizo este livro, que a destruição não brinca em serviço. Ao menos momentaneamente, todas essas conquistas ou foram interrompidas ou retrocederam. Não é por acaso que o primeiro grande ataque do sistema, tão logo Jair Bolsonaro saiu da Presidência, foi na questão das armas.

Num mundo ideal, sem a violência e a covardia dos criminosos, de fato, as armas não seriam necessárias. Contudo, enquanto houver homens maus armados, os homens de bem não terão opção a não ser se armarem também. **Retirar esse direito das pessoas é simplesmente atacar o direito mais fundamental de todos, que é o direito à vida.** Um sistema de poder que, ao mesmo tempo, (1) é permissivo com o crime, (2) despreza as forças de segurança e (3) impede que as pessoas se protejam contra assassinos, não tem outro objetivo senão o poder absoluto sobre a vida dessas pessoas. E isso é qualquer coisa, menos democrático.

> De qualquer forma, nada disso apaga o que fizemos à frente do Governo Federal. Aliás, é para isso que este livro existe: para contar a história como ela foi, de fato.

Pelo Brasil e pelos brasileiros, lutamos para lá chegar, lutamos enquanto lá estivemos e seguiremos lutando. E essa luta, por mais árdua que fosse, sempre foi absolutamente prazerosa e recompensadora.

O convívio na Presidência

Ao longo de todo o Governo, tive a alegria de ter muito contato com o Presidente Bolsonaro. Mas é claro que, enquanto estive no Palácio do Planalto, o convívio foi mais intenso. Primeiro, em 2019 e começo de 2020, na Casa Civil; depois, em 2021, como ministro da Secretaria-Geral da Presidência. E posso afirmar tranquilamente: nada mudou em relação ao tempo em que convivemos antes do Governo.

Note o leitor que Jair Bolsonaro e eu estivemos muito próximos sempre em tempos de muita tensão. Mas sempre de peito aberto, com disposição e a alegria de quem sabe que está do lado certo, fazendo o que tem de ser feito. Afinal, **a Verdade liberta**.

As duas imagens anteriores são de uma reunião na Casa Civil, ainda em janeiro de 2019, em que o Presidente saiu do seu gabinete, subiu até o quarto andar e foi até o nosso setor, conversar comigo e com a equipe.

Os funcionários antigos do Planalto contavam para nós que nunca tinham visto um presidente assim, que andasse por todo o Palácio, conversando com todos e indo até os setores se reunir com sua equipe. O normal é o presidente ficar entocado no seu gabinete. Jair Bolsonaro não era assim, pois não tinha por que se esconder.

Como em qualquer empresa, dia de aniversário é dia de "festinha da firma". E no meu aniversário, em outubro de 2019, o chefe se fez presente.

E não era somente ele. A Primeira-Dama Michelle Bolsonaro seguia a mesma linha de abertura e proximidade com todos. Na imagem a seguir, eu e minha esposa, Denise, com o Presidente e a Dama no Palácio do Planalto, no Dia da Mulher de 2019, quando distribuímos flores e chocolates para todas as funcionárias da Casa Civil.

Com o apoio da Primeira-Dama, aliás, levamos a fé cristã dos brasileiros de volta para dentro da sede do Governo Federal. A imagem a seguir é da celebração de Páscoa que fizemos em pleno Planalto. Depois, em dezembro, o Palácio voltou a ter uma árvore de Natal e um presépio, **trazendo novamente a religiosidade da imensa maioria dos brasileiros para o prédio mais importante do Brasil.**

Era esse o ambiente de fé, parceria, trabalho, empenho e dedicação que nos permitia, apesar dos pesares, seguir em frente, com força e entregando resultados para os brasileiros.

Mateando na Casa Civil, em meados de 2019.

Governança, modernidade, investimentos... legados

Observando a política tradicional brasileira, concluímos facilmente: nada mais fácil do que esquecer-se de promessas de campanha. Quase tão fácil quanto isso, é inventar mil e uma justificativas para isso. Nós, contudo, recusamo-nos a fazer parte dessa *tradição*. Para isso, apelamos a expedientes para profissionalizar ao máximo o trabalho de todo o Governo, eliminando a politicagem e a morosidade.

Escolher ministros e demais gestores alinhados e capacitados para as áreas que comandariam foi uma das medidas para termos um governo eficiente, resolutivo e economicamente sustentável. Já falamos disso. Ademais, tratamos de nos alinhar às **melhores práticas mundiais de governança pública** e, para isso, o modelo é o da OCDE.

Falaremos em detalhes, mais à frente, sobre a Organização para a Cooperação e o Desenvolvimento Econômico — o famoso "clube dos países ricos". Mas o que importa aqui é mencionar que a OCDE é a referência mundial em governança pública. Seus países-membros são os mais prósperos, livres e democráticos de todo o mundo, e isso não é por acaso.

A OCDE, então, organiza o intercâmbio das boas práticas de gestão pública entre seus integrantes, para proveito de todos e inspiração das nações que não fazem parte da Organização. Com a ordem expressa do Presidente Bolsonaro de levarmos o Brasil à condição de membro da OCDE e de fazer do nosso país um lugar atraente para investimentos, buscamos organizar o Governo a partir da Casa Civil tendo como base as premissas do "clube dos países ricos".

Para começar, fortalecemos na Casa Civil o conceito de **Centro de Governo**, um verdadeiro ponto de conexão, por onde passavam todas as principais políticas e medidas de todo o Governo Federal. Essas iniciativas eram filtradas e organizadas por eixos temáticos, a fim de identificar, por exemplo, sobreposição de ações entre diferentes ministérios, possibilitando a união de esforços e, assim, uma **maior eficiência nas ações**.

Outra iniciativa foi a criação dos **ciclos de 100 dias**: ao início de cada ciclo, estabelecíamos metas de distintas complexidades e diferentes níveis de urgência; ao fim do ciclo, analisávamos o que foi alcançado e o que ficou para trás, a fim de cobrarmos a nós mesmos, internamente, e buscar resolver as lacunas no ciclo seguinte.

Abril de 2019, solenidade de 100 Dias de Governo.

300 Dias de Governo, novembro de 2019.

Enquanto eu estive à frente da Casa Civil, tivemos os 100 Dias em abril de 2019; os 200 Dias em julho; 300 Dias em novembro de 2019; e 400 dias no começo de fevereiro de 2020. Esse **modelo de autoauditoria certamente colaborou para com a eficiência e os resultados conquistados para os brasileiros.**

Uma categoria de resultados absolutamente expressivos é o da **digitalização dos serviços públicos federais.**

O Brasil é afamado por sua burocracia. Isso chega a ser piada entre nós, brasileiros. E, perante o mundo, é uma grande vergonha. Então, seguindo a linha da eficiência e das melhores práticas de gestão e governança, **empreendemos desde o começo do Governo um grande esforço de desburocratização e de digitalização.**

Lançamento do novo portal central de serviços do Governo, o **gov.br**, em agosto de 2019.

Ainda no primeiro semestre de 2019, entregamos o **Revogaço**, conquistado após semanas de trabalho dos técnicos da Casa Civil, em conjunto com assessores de outros ministérios. Os trabalhos começaram nos primeiros dias de janeiro daquele ano e resultaram na **revogação de mais de mil decretos e outros dispositivos legais obsoletos**, inúteis e que só faziam atrapalhar a vida dos brasileiros.

Já em agosto, conforme a última imagem, lançamos o **gov.br**, um portal que passou a centralizar todos os serviços disponibilizados pelo Governo Federal. Simplesmente, o portal mais importante do país e um dos mais acessados do mundo. Além de facilitar a vida dos brasileiros no cotidiano, **o portal teve impor-**

tância humanitária quando da pandemia de 2020/21, no contexto do pagamento do Auxílio Emergencial.

E foi através desse portal que se deu boa parte do esforço de **digitalização do Governo Bolsonaro.** Vamos aos números:

◊ Em meados de 2022, existiam aproximadamente **4.900 serviços à população** oferecidos pelo Governo Federal.

◊ A digitalização dos serviços públicos começou em 2000. Até 2018, ou seja, durante quase duas décadas de governo passados, apenas 1.979 serviços foram digitalizados.

◊ Ou seja, outros governos levaram 18 anos para chegar à marca de 40,4% de todos os serviços digitalizados.

◊ Entre 2019 e começo de 2022, **nós digitalizamos mais 1.716 serviços.**

◊ Ou seja, **35% de digitalização em apenas 3 anos** (contra 40% em 18 anos).

◊ Quando o Governo Bolsonaro acabou, dos 4.900 serviços disponíveis no **gov.br**, **aproximadamente 4 mil estavam totalmente digitalizados.**

Isso significa muito para cada trabalhador brasileiro. Significa menos horas se deslocando de ônibus pelas cidades. Menos horas em filas intermináveis em cartórios e repartições públicas. Menos gastos. Mais tempo, mais tranquilidade. Mais dignidade.

Aliás, fizemos também a **modernização dos cartórios** (a MP 1.85/2021, que virou a lei 14.384/2022), efetivando o sistema para a digitalização dos cartórios. Com isso, com as **certidões digitalizadas** e os sistemas cartoriais integrados, os brasileiros não precisam mais ir até o cartório de origem para recuperar algum documento. Ou seja, mais respeito do Governo para com os brasileiros.

A estimativa é de que os brasileiros economizem cerca de R$ 4,5 bilhões por ano graças à digitalização dos serviços públicos federais. Com medidas como essas, cumprimos a promessa feita na campanha de 2018, de inverter a lógica e tirar o Estado do cangote dos brasileiros, **fazendo com que o governo, que sempre se serviu do povo, passasse a servir ao povo.**

◊◊◊

Se os brasileiros sentiram no seu dia a dia os efeitos desses esforços, o mundo percebeu e reverenciou o Brasil por isso.

Em 2022, o Banco Mundial divulgou o *ranking* de digitalização dos países, colocando o Brasil como **7.º país** em serviços públicos digitalizados segundo a lista com todas as nações. Considerando apenas os países das Américas, ficamos como **1.º país em serviços digitalizados, à frente até dos EUA e do Canadá.**

Mas a principal forma de reconhecimento desses esforços veio justamente do organismo internacional no qual nos inspiramos para aplicar **diretrizes de eficiência, gestão e governança no Governo Federal**: a OCDE.

> A relação do Brasil com a OCDE durante o nosso Governo é um dos maiores e mais impactantes atestados da mudança de imagem que conseguimos para o nosso país perante o mundo.

A Organização para a Cooperação e o Desenvolvimento Econômico é um grupo de países altamente exclusivo, com regras muito rígidas para ingresso — todas elas vinculadas a valores de liberdade, democracia e governança. Para se entender o valor da OCDE, basta olhar para como nossa obtusa grande imprensa passou a chamar a Organização a partir do momento em que o Brasil, sob Bolsonaro, passou a ser respeitado pelo grupo: **"clube dos países ricos".**

Com uma visão totalmente limitada e medíocre, nossos jornalistas, para atingir Jair Bolsonaro, tentavam desdenhar da OCDE com aquilo que, na verdade, era um elogio. Sim, nós queremos fazer parte do "clube dos países ricos"! Esquerdista é quem gosta de atraso, miséria e destruição — para os outros, é claro; para aqueles que a esquerda gosta de manter sob controle, pois os esquerdistas em si não abrem mão de conforto, dinheiro e privilégios.

Mas, enfim, a OCDE é, de fato, o clube dos países mais ricos, democráticos, livres e socialmente justos do mundo todo. Surgiu no contexto de reconstrução da Europa após a Segunda Guerra Mundial, reunindo países desse continente apenas. Depois, abriu-se para países desenvolvidos de outros continentes, mas, como herança de sua origem, manteve o privilégio de ingresso a países europeus: **para que um país de fora da Europa ingresse na OCDE, um europeu tem de haver ingressado também.**

Esse é apenas um dos rigorosos critérios da OCDE para admitir novos integrantes. Além disso, o país candidato tem de cumprir com mais de 250 parâmetros de governanças — os chamados *instrumentos legais*. Esses instrumentos todos dizem respeito a questões de transparência, gestão, organização, democracia, abertura para negócios, liberdade e afins.

Para um país atrasado como o Brasil, entrar na OCDE significaria um passo gigantesco no rumo do desenvolvimento. Afinal, o "clube dos países ricos", como qualquer clube, ajuda-se mutuamente. O país passa a ter como que um *selo de qualidade*, que comunica ao mundo todo que se trata de um local seguro para se investir e fazer negócios. O que isso significa para a população brasileira, que é o que realmente importa? Significa **empregos, prosperidade, bem-estar, liberdade.** Era por isso que Jair Bolsonaro estava tão empenhado em que entrássemos na OCDE.

Como ministro-chefe da Casa Civil, coube a mim e à minha equipe organizar o Governo Federal para trilhar esse caminho priorizado pelo Presidente. Desde a primeira reunião com os ministros, o Presidente ordenou que cumpríssemos aquilo que sustentamos na campanha: elevar o Brasil no cenário competitivo internacional, melhorando o ambiente de negócios e **garantindo mais empregos e mais dinheiro para os brasileiros.**

Para mostrar o sucesso do nosso trabalho para cumprir com as ordens do Presidente e trazer essas conquistas para os brasileiros, trago números de uma comparação com a Argentina — um país até então mais desenvolvido, respeitado e avançado que o Brasil. Notem como conseguimos mudar a visão do mundo sobre nós:

- a Argentina participa de atividades da OCDE, como país parceiro, desde 1982 — o Brasil começou a participar apenas em 1994;
- a Argentina oficializou o pedido de adesão à OCDE em junho de 2016; à época, cumpria com 28 (11%) dos instrumentos legais hoje em vigor (257 em meados de 2022) — o Brasil oficializou o pedido de adesão à OCDE em maio de 2017,

quando cumpria 34 (13%) dos instrumentos legais hoje em vigor;

◊ ao fim de 2018, o Brasil cumpria 65 (25%) requisitos; em 2019, porém, começou o salto: pulamos para 81 (32%) requisitos; ao fim de 2020, já eram 98 (38%); e, ao fim de 2021, 103 (40%);

◊ em meados de 2022, o Brasil cumpria 112 (44%) requisitos e a Argentina, 53 (21%);

◊ em 3 anos de governo, avançamos mais que a Argentina em 7 anos, tanto que, em 2019, ultrapassamos o país vizinho na preferência dos EUA como nova nação integrante;

◊ a OCDE respeita a "ordem de chegada" para avaliar os pedidos de ingresso, mas, mesmo a Argentina tendo chegado antes, **EUA, Reino Unido, Israel e outros, além da própria OCDE, já admitiam em 2019 que o Brasil tinha tudo para ser o próximo país a ingressar;**

◊ em janeiro de 2021, a OCDE destacaria positivamente a recuperação econômica brasileira no pós-Covid-19;

◊ e, em janeiro de 2022, como coroação do trabalho que iniciamos em 2019, recebemos a carta-convite para ingressar na organização com unanimidade entre membros.

Ou seja, em pouco mais de três anos, elevamos a visão dos países mais ricos, livres e desenvolvidos do mundo sobre o Brasil, fazendo aquilo que não fora feito em décadas. Em junho de 2022, o Conselho da OCDE aprovaria o programa de ingresso do Brasil no grupo.

Finalizamos, então, o Governo em 2022 com um belíssimo caminho trilhado — iniciado em 2019. Na foto adiante, uma das reunião do Conselho Interministerial Brasil-OCDE, chefiado pela Casa Civil; ao meu lado, o então Chanceler Ernesto Araújo e o zero-dois do Ministério da Economia, Marcelo Guaranys; conosco, assessores técnicos dos ministérios envolvidos: Casa Civil, Relações Exteriores, Economia, Defesa e Secretaria-Geral da Presidência.

Eu ressalto tanto esse trabalho de encaminhar o Brasil à OCDE porque ele é absurdamente representativo.

Recebemos um Brasil desprezado pelo mundo livre e desenvolvido, graças aos 30 anos de governos de esquerda, que foram, gradativamente, aproximando o Brasil de países atrasados, com governos autoritários, liderados até mesmo por ditadores. O ápice desse processo se deu nos governos do PT. Nosso desafio, portanto, era gigantesco.

Lembro-me de, nas primeiras reuniões de ministros, lá em janeiro de 2019, conversarmos que, se avançássemos ao menos um pouco rumo ao "clube dos países ricos" nos 4 anos de governo, já seria muito. Mas fomos muito além: **terminamos o Governo recebendo o convite formal para ingressarmos na OCDE.**

E, como o que é bom para o Brasil e os brasileiros não é bom para quem lucra com a pobreza, **um dos primeiros movimentos do novo Governo Lula, já em janeiro de 2023, foi mostrar para o mundo que o atraso voltou a imperar no Brasil.** De volta ao poder, o sistema reorganizado tratou de dar muitos passos atrás: Lula extinguiu a secretaria criada no Governo Bolsonaro especialmente para cuidar da entrada do Brasil na OCDE[2] e fez de tudo para deixar claro que esta **não é uma prioridade**[3].

◊◊◊

O reconhecimento do mundo ao novo momento do Brasil viria, ainda, também sob a forma de investimentos. E, mais uma vez, com recordes. Muito rapidamente, as grandes nações perceberam que algo de diferente acontecia no nosso país, que, até havia pouco tempo, se alinhava a governos ditatoriais e era governado de modo absolutamente irresponsável.

---

[2] Cláudio Humberto, *Diário do Poder*, "Lula extingue órgão e afasta chance de o Brasil entrar na OCDE", 4 de janeiro de 2023: https://diariodopoder.com.br/dinheiro/ttc--dinheiro/lula-extingue-orgao-e-afasta-chance-de-o-brasil-entrar-na-ocde.

[3] Guilherme Grandi, *Gazeta do Povo*, "Entrada no 'clube dos países ricos' não é prioridade de Lula", 25 de janeiro de 2023: https://www.gazetadopovo.com.br/economia/adesao-ocde-nao-prioridade-lula-entenda-o-que-esta-em-jogo/.

Com poucos meses de gestão,

- ◊ empreendemos reformas históricas e revolucionárias, como a Lei de Liberdade Econômica;
- ◊ trabalhamos pesado na desburocratização do país e na eficiência do Governo;
- ◊ equilibramos as contas públicas, atingindo superávits inéditos;
- ◊ acabamos com a sensação de livre impunidade do crime, deixando o país mais seguro como um todo;
- ◊ ampliamos também a sensação de segurança jurídica e econômica, com políticas responsáveis e acolhedoras a investimentos;
- ◊ aplicamos diretrizes de transparência, gestão e governança em todo o Governo;
- ◊ **combatemos a farra dos gastos públicos e da corrupção de modo inédito.**

Sobre esse último ponto, aliás, vale a pena aprofundar. Primeiro, sobre as **contas públicas**:

- ◊ iniciamos o Governo com um déficit de R$ 25,1 bilhões nas contas públicas em relação a 2018;
- ◊ já no primeiro ano, conseguimos reduzir drasticamente o déficit para R$ 18,6 bilhões;
- ◊ em 2020, o mundo todo foi impactado pela crise da Covid, quando o Governo teve de gastar para socorrer os mais necessitados; ainda assim, o déficit foi menor que o de 2018: R$ 23,6 bilhões;

- em 2021, ainda em meio à pandemia, as contas públicas encerraram o ano com déficit de R$ 35,1 bilhões;
- já em 2022, finalmente um ano "normal", embora ainda sofrendo as consequências da crise mundial, **o Governo Federal sob Bolsonaro fechou o ano no azul pela primeira vez em quase uma década (9 anos), com superávit de R$ 54 bilhões.**

Agora, sobre as **estatais**:

- sob o comando da esquerda, foram anos de prejuízos bilionários nas companhias públicas federais, com muitos casos de corrupção e escândalos;
- para se ter uma ideia, em 2015, último ano cheio de um governo do PT, o prejuízo das estatais foi de R$ 32 bilhões;
- **em 2019, primeiro ano cheio de Bolsonaro, o lucro foi de R$ 111 bilhões;**
- em 2020, apesar da crise da Covid-19, o registro foi de lucro de R$ 60,6 bilhões;
- e em 2021, lucro de R$ 187,7 bilhões.

Esses resultados foram conquistados com indicações técnicas para as presidências e os conselhos das estatais e, sobretudo, com respeito ao dinheiro e ao patrimônio dos brasileiros — e aos próprios brasileiros. E, como eu disse acima, **o mundo inteiro percebeu e entendeu esses movimentos do Brasil já nos primeiros momentos do nosso Governo.**

Prova disso são os recordes em investimentos que conquistamos:

◊ em 2019, levam**os o Brasil ao quarto lugar do** *ranking* **de investimentos captados entre os países do G20**;

◊ também em 2019, **voltamos ao** *ranking* **dos 25 países mais confiáveis para se investir** (segundo levantamento da consultoria A. T. Kearney junto aos maiores empresários do mundo).

Nesse sentido, as viagens de captação de investimentos que fizemos em 2019 foram, obviamente, extremamente exitosas. Com o principal programa do Governo para captação de investimentos (Programa de Parcerias de Investimentos) sob a tutela da Casa Civil, fizemos *roadshows* com vários ministros e com o próprio Presidente Bolsonaro em diversos países.

Rodadas de negócios na China, em outubro de 2019.

Emirados Árabes, também em outubro de 2019.

Londres, em dezembro de 2019.

Cúpula do Mercosul, em Bento Gonçalves, Rio Grande do Sul, em dezembro de 2019.

Apenas no contexto do PPI, nessas e em outras negociações durante o ano de 2019, atraímos mais de 450 bilhões de reais em investimentos. Investimentos que significariam negócios, empregos, rendas, arrecadação, enfim um sem-fim de ganhos para o Brasil e para os brasileiros.

Não por acaso, encerrávamos o ano de 2019 com a confiança nas alturas. Não somente nós, mas os brasileiros como um todo. No Governo, brincávamos que, após passarmos o primeiro ano arrumando a casa, em 2020 *a baleia iria voar*, em alusão ao gigantismo e à ineficiência histórica da máquina pública brasileira, que nós estávamos deixando mais leve e eficiente.

O clima no país era de otimismo generalizado. Com as contas em dia, PIB projetado em 4% para 2020, investimentos chegando sem parar, segurança em alta, corrupção em baixa e casa organizada, o restante da nossa gestão tinha tudo para ser de grande êxito.

O que ninguém esperava, porém, era uma pandemia que causasse uma crise sanitária sem precedentes, seguida por uma crise social e econômica ocasionada por decisões insanas, demagógicas e irresponsáveis.

Todo o trabalho de 2019 não foi sem serventia. Se milhões de pessoas não morreram de fome no Brasil diante do "fecha-tudo" insano das atividades econômicas, foi porque estávamos prontos e tínhamos recursos para reagir.

Em verdade, estávamos prontos para decolar. Mas as circunstâncias nos fizeram arremeter. Aterrissamos em segurança, mas não sem muitos traumas.

7 de setembro de 2019: os brasileiros abraçam o Presidente e o Governo Federal.

10

EU, INSTRUMENTO

O Espírito do Senhor é sobre mim, Pois que me ungiu para evangelizar. Enviou-me a curar os quebrantados de coração, A pregar liberdade aos cativos, E restauração da vista aos cegos, A pôr em liberdade os oprimidos, A anunciar o ano aceitável do Senhor. [Lucas 4:18,19]

Queiramos ou não, aceitemos ou não, gostemos ou não somos todos instrumentos do Senhor. Podemos escolher apenas como lidar com isso: ou você aceita, entrega-se aos desígnios divinos e busca entender seu papel para melhor cumpri-lo, sendo feliz e realizado do modo como Deus escolher, na alegria e na tristeza, na saúde e na doença, na riqueza e na pobreza; ou você se revolta, não entende nada e passa a vida a buscar uma realização que jamais chegará.

Na minha vida, eu tentei muito, errei um tanto, acertei outro tanto. Mas as coisas só começaram a se ordenar a partir do momento em que eu entendi a realidade descrita acima. Continuei não acertando sempre. Continuei revezando vitórias e derrotas. Porém, com a consciência de que estamos sempre servindo, tudo ganha outra importância e você percebe que nem toda vitória é boa, assim como nem toda derrota é ruim.

Fevereiro de 2020, 400 Dias de Governo, inovadora ação Casa Civil.

Foi assim, com a disposição de servir ao Brasil (emparceirado com Jair Bolsonaro) e de obedecer aos desígnios de Deus que eu acabei sendo colocado à frente de alguns dos processos mais importantes da história recente do nosso país.

Em 2016, estava tudo encaminhado para eu ser candidato à Prefeitura de Porto Alegre. Era favorito nas pesquisas e o momento parecia ser o ideal, com a queda do PT e uma guinada do público à direita. Optei, contudo, por concluir a missão em que eu já estava, como deputado federal, e no contexto das 10 Medidas Contra a Corrupção. Acabei sendo relator do projeto, participando de um processo intenso e valioso e que, embora tenha acabado mal, me legou grandes aprendizagens e iluminou meus passos seguintes.

Depois, em 2018 eu estava bem cotado para ser candidato ao Governo do Rio Grande do Sul. Novamente, com um bom posicionamento nas pesquisas e com um momento extremamente favorável para candidatos de direita. Em novembro de 17, Eduardo Leite me fez uma consulta sobre se eu seria candidato em 18, pois ele não entraria na disputa contra mim.

Ao mesmo tempo, eu estava envolvido na pré-candidatura de Jair Bolsonaro à Presidência da República, nos movimentos iniciais, com articulações políticas e aquela viagem para a Ásia... Mas ele queria que eu comandasse sua campanha, participando de um projeto que seria bom não apenas para o meu Estado, mas para todo o nosso País. E, de fato, assim foi.

Se eu não tivesse escolhido esse caminho ao lado do Capitão, lá naquele momento, dois anos depois, na pandemia, o Rio Grande do Sul e todos os demais Estados certamente não teriam recebido o apoio que receberam do Governo Federal.

Lembro-me de um momento-chave para essa decisão, durante nossa viagem para a Ásia no começo de 2018. Num café da manhã, o Jair me chamou e pediu para eu não concorrer ao Governo do RS. E se comprometeu: se eu o ajudasse em 2018, ele me apoiaria na disputa a governador em 2022. As palavras dele foram mais ou menos assim:

— O inimigo, o sistema, é grande, forte e articulado. Nossa missão é de David contra Golias. Somos poucos. E menos ainda são aqueles em que eu posso confiar de verdade... E tu é um desses.

A tranquilidade para essa escolha tão difícil me veio em meados de 2018, quando, como costumo dizer, Deus me pegou de vez. Entre os dias 27 e 29 de julho, fui com minha esposa para o retiro de *Revisão de Vidas* da nossa igreja, a Sara Nossa Terra. E, no dia primeiro de julho, fui *rebatizado* nas águas. Ali **morria o velho homem e nascia o novo homem.**

Como eu disse, eu não virei alguém perfeito, isento de falhas e erros. Porém, tornei-me um homem entregue aos desígnios do Senhor, ciente de que as coisas acontecem do jeito que devem acontecer — pareçam elas boas ou pareçam elas ruins.

A partir daí, ficou mais fácil deixar de lado, naquele momento, em 2018, a ideia de ser governador do Rio Grande do Sul e assumir uma posição de bastidor na coordenação da campanha de Jair Bolsonaro à Presidência — ou aceitar tranquilamente, sem drama, com um sorriso genuíno no rosto, a definição do Presidente de me tirar da Casa Civil no início de 2020 e me realocar no Ministério da Cidadania.

Eu fazia parte de um projeto muito, muito maior que eu. Eu era um privilegiado de estar ali, então eu assumiria o posto que me fosse designado. Sem exagero algum: se eu fosse escolhido para cortar a grama no Palácio do Planalto, eu iria. Assim diz — e eu concordo — o espanhol São Josemaría Escrivá:

«Diante de Deus, nenhuma ocupação é em si grande ou pequena. Tudo adquire o valor do Amor com que se realiza.»

O velho homem entra na água e dela sai o novo homem.

E assim é! Tanto que eu saio do até então ministério mais importante do Governo Bolsonaro para um outro que acabaria desempenhando um papel central durante a pandemia. Tomei posse no Ministério da Cidadania no dia 18 de fevereiro de 2020; em torno de 50 dias depois, nós entregávamos ao Brasil o maior programa de assistência social que o mundo já viu, o Auxílio Emergencial.

Lembro-me de queridos amigos vindo falar comigo preocupados quando saí da Casa Civil e se assustando ao me perceberem tranquilo, em paz. Nada é por acaso. Eu não tinha ideia que, poucos dias depois dessa troca de missão, eu estaria à frente (sob o comando do Presidente) de um processo humanitário incrível, que evitaria a fome de milhões de famílias brasileiras.

Um dos meus últimos atos como ministro-chefe da Casa Civil: levar a mensagem presidencial ao Congresso na abertura do ano legislativo de 2020.

Contudo, tinha certeza de que essa mudança guardava seus significados. Assim como quando, depois, fui ser ministro da Secretaria-Geral da Presidência, voltando a despachar no Palácio do Planalto e coordenando a defesa do Governo Bolsonaro durante os ataques mais fortes que sofremos, na CPI da Covid; e quando fui ser ministro do Trabalho e Previdência, vindo a colaborar com uma retomada econômica para o Brasil que acabaria sendo destaque no mundo todo.

◊◊◊

A reunião extraordinária em que tomamos as decisões necessárias para a operacionalização do Auxílio Emergencial durou, se não estou enganado, algo em torno de 7 ou 8 horas. Cumprindo as diretrizes estabelecidas pelo Presidente Bolsonaro, mantive a posição de que todo o processo de cadastramento, informações e liberação do Auxílio deveria ser digitalizado, informatizado, sem a necessidade de as pessoas terem de encarar deslocamentos e filas.

Seria um trabalho hercúleo. Mas era nossa missão.

O Presidente sempre deixou claro que um de seus principais objetivos era inverter a lógica e colocar o Estado a serviço dos brasileiros. Até antes de nós, os brasileiros sempre trabalharam duro para sustentar uma máquina pública pesada e ineficiente. Nós queríamos mudar isso. E o modo como estabelecemos o Auxílio Emergencial é simbólico disso.

Minha posse como ministro da Cidadania do Governo Federal, fevereiro de 2020.

11

UM GOVERNO QUE NÃO DEIXOU NINGUÉM PARA TRÁS

— Gaúcho, eu assinei o Auxílio Emergencial. Tu dá um jeito de colocar isso em pé pra ontem, que o povo tá com fome.

Foi bem assim que o Presidente Bolsonaro me deu a ordem — e, ao mesmo tempo, a autorização — para fazer o que fosse preciso a fim de disponibilizar aos brasileiros o maior programa assistencial que o mundo já viu. Imediatamente, tratei de me reunir com o Pedro Guimarães, presidente da Caixa, o banco responsável por pagar o Bolsa Família e que, portanto, possuía todos os dados para viabilizarmos essa operação.

Outro protagonista dessa bela história foi o Gustavo Canuto, então presidente da Dataprev (Empresa de Tecnologia e Informações da Previdência), companhia pública federal de tecnologia. O Canuto e toda a equipe da Dataprev foram fundamentais, trabalhando incansavelmente para que o Auxílio Emergencial fosse levado a cerca de 70 milhões de brasileiros. Destaco nesse sentido, três pessoas que trabalharam muito próximas a mim nesse momento: o meu secretário executivo na Cidadania, Antônio José Barreto de Araújo Jr., que fez um trabalho extraordinário junto a todo o nosso time, coordenando, motivando, agregando e resolvendo; o meu chefe de gabinete, o major da Polícia Militar do Distrito Federal, Leandro Lima; e o secretário nacional de Assistência Social, doutor Sérgio Queiroz.

Depois de sete horas de reunião, em que analisamos todos os caminhos, todos os cenários e estabelecemos as diretrizes do trabalho, o Pedro deu a ordem para que a área de tecnologia da Caixa desenvolvesse o aplicativo do Auxílio. Ao mesmo tempo, eu articulava com o ministro Paulo Guedes e o pessoal da Economia o fluxo dos recursos e alinhava com o Presidente Bolsonaro as questões políticas envolvendo toda essa movimentação.

Foi um trabalho sem precedentes, mas à altura da missão.

A ligação do Presidente, que descrevi acima, recebi no dia 2 de abril de 2020; **sete dias depois, na quinta-feira de Páscoa, 9 de abril, estávamos fazendo o primeiro lote de pagamentos do Auxílio Emergencial** — para 6,5 milhões de brasileiros.

Coletiva sobre o Auxílio, ao lado do ministro Paulo Guedes.

Anúncios sobre o Auxílio Emergencial, ao lado do Presidente da Caixa, Pedro Guimarães, e do Presidente da Dataprev, Gustavo Canuto.

> Ou seja, em sete dias nós viabilizamos toda a solução técnica, burocrática e tecnológica capaz de cadastrar ou analisar mais de 150 milhões de solicitações de Auxílio e de, depois, fazer pagamentos para 68 milhões de beneficiários, evitando, assim, a fome e o desespero de mais da metade dos brasileiros vitimados pela queda do emprego e da renda, ocasionada em parte pela pandemia, mas em boa parte pelo *fecha tudo* insano de alguns prefeitos e governadores.

Dia 2 de abril o Presidente deu a ordem; dia 9 já estávamos pagando; mas antes, dia 6, o aplicativo do Auxílio já estava disponível em sua primeira versão, recebendo mais de 50 milhões de acessos já nesse primeiro dia. Nessa tarefa sem precedentes, além de ressaltar o trabalho da Dataprev, sob o comando do competentíssimo Gustavo Canuto, vale também destacar a atuação das diretorias da Caixa, especialmente da rede de casas lotéricas.

Sem esses esforços, sem as soluções tecnológicas da Dataprev e a operacionalização das **lotéricas**, não teríamos levado o socorro a mais de 68 milhões de lares brasileiros, incluindo os mais remotos rincões do *Brasil profundo*.

◊◊◊

O ano de 2020 foi marcado — no Brasil e no mundo — pela pandemia da Covid-19. Por aqui, contudo, não fosse esse evento trágico, seria um ano lembrado por um crescimento econômico sem precedentes, com conquistas para o país como um todo e para toda a população. Afirmo isso baseado em dados e em fatos relacionados a **tudo o que fizemos em 2019, a como reagimos à pandemia em 2020 e a como nos reerguemos em 2021 e 2022.**

E quis Deus que, de algum modo, eu estivesse diretamente envolvido nas conquistas desses três períodos:

- ◊ em 2019, como ministro da Casa Civil, coordenando o Centro de Governo e, portanto, envolvido em todos os projetos, ações e reformas que mudariam os rumos do Brasil;
- ◊ em 2020, como ministro da Cidadania, comandando as ações sociais durante a gravíssima crise da Covid-19 — especialmente o Auxílio Emergencial, maior programa social que o mundo já viu;
- ◊ em 2021 e 2022, como ministro do Trabalho e Previdência, cooperando para com a retomada econômica e as expressivas conquistas do período, com recorde histórico de empregabilidade.

Enfim, 2020 era o ano para o Brasil decolar, com a casa arrumada e investimentos bilionários chegando no país. Porém, sobreveio a pandemia.

> O Governo Bolsonaro reagiu à crise sanitária mundial com prontidão e eficiência, oferecendo assistência e vacina à população, ajuda aos Estados e Municípios, socorro financeiro a empresas e trabalhadores e dignidade e sobrevivência a milhões de famílias. Não é exagero dizer que, graças ao Auxílio Emergencial, milhões de brasileiros não morreram de fome.

Não por acaso o Brasil foi destacado por organismos internacionais no combate à Covid, ao ponto, inclusive, de ser escolhido pela Organização Mundial da Saúde como representante das Américas para grupo de trabalho sobre pandemias:[1]

---

[1] "Brasil é eleito representante das Américas no órgão negociador da OMS sobre pandemias", portal gov.br, 5 de fevereiro de 2022: https://www.gov.br/saude/pt-br/assuntos/noticias/2022/fevereiro/brasil-e-eleito-representante-das-americas-no-orgao-negociador-da-oms-sobre-pandemias.

Depois, passado o pior da crise, também fomos reconhecidos no cenário global por aquilo que fizemos no nosso país. Seguindo o comando do Presidente Bolsonaro, além de cuidar da saúde e da vida, cuidamos também da economia — dos empregos, das empresas, enfim dos recursos para que os brasileiros seguissem vivendo.

Muitos municípios e estados — escorados em decisões judiciais arbitrárias e inconstitucionais, que tiravam a autoridade da União — decidiram **fechar tudo** de modo inconsequente. Enquanto o mundo ia se equilibrando entre os cuidados necessários e a igualmente necessária continuidade das atividades econômicas, prefeitos e governadores brasileiros optavam pelo simplismo demagógico, ordenando uma interrupção insana dos negócios.

Nesse cenário de destruição planejada, o Governo Bolsonaro reagiu para ajudar a todos:

◊ com o Auxílio Emergencial, garantimos a dignidade de quem mais precisava;

◊ com programas de apoio e crédito, salvamos milhões de empresas da falência e, por conseguinte, preservamos o emprego de milhões de brasileiros — para sermos exatos, com os programas da pandemia, foram mais de 10 milhões de empresas que não quebraram e mais de 20 milhões de empregos preservados;

◊ e com repasses bilionários, suspensão de dívidas e outras medidas, oferecemos aos Estados e Municípios uma ajuda histórica — enquanto parte destes ofereciam aos brasileiros a irresponsável política do *fecha tudo*, além de, em alguns casos, perseguição, constrangimento e até prisão de quem tentava desesperadamente trabalhar e sustentar sua família.

Resultado do nosso trabalho: **geração recorde de empregos**[2] **após a pandemia e destaque mundial na retomada**[3].

≡ Casa Civil   O que você procura? 🔍

OCDE

Recuperação econômica do Brasil é destaque entre as principais economias globais, aponta OCDE

De acordo com o acompanhamento mensal da Organização, a economia brasileira mostrou tendência de "crescimento constante" em dezembro de 2020 pelo segundo mês seguido

≡ Serviços e Informações do Brasil   O que você procura? 🔍

ENTREVISTA

Brasil bate recorde da década na geração de empregos em 2021

A expectativa é que a geração de empregos avance em 2022 com programa do Governo Federal voltado para capacitação de jovens e adultos

Publicado em 14/02/2022 13h16   Atualizado em 31/10/2022 17h24   Compartilhe f 🐦 🔗

Ministro do Trabalho e Previdência, Onyx Lorenzoni. - Foto: Agência Brasil

---

[2] "Brasil bate recorde da década na geração de empregos em 2021", portal gov.br, 14 de fevereiro de 2022: https://www.gov.br/pt-br/noticias/trabalho-e-previdencia/2022/02/brasil-bate-recorde-da-decada-na-geracao-de-empregos-em-2021.

[3] "Recuperação econômica do Brasil é destaque entre as principais economias globais, aponta OCDE", portal gov.br, 14 de janeiro de 2021: https://www.gov.br/casa-civil/pt-br/assuntos/noticias/2021/janeiro/recuperacao-economica-do-brasil-e-destaque-entre-as-principais-economias-globais-aponta-ocde.

O socorro a empresas de todos os tamanhos, especialmente as menores, veio por meio, principalmente, de dois programas:

◊ o Benefício Emergencial de Preservação do Emprego e da Renda (BEm), responsável direto pela manutenção de mais de 11 milhões de empregos formais e pela salvação de centenas de milhares de empresas;

◊ e o Programa Nacional de Apoio às Microempresas e Empresas de Pequeno Porte (Pronampe), que distribuiu mais de 37 bilhões de reais às mais de 20 milhões de pequenas e microempresas — uma iniciativa, aliás, do então senador Jorginho Mello, atual governador de Santa Catarina.

Enquanto governadores, prefeitos e magistrados impunham proibições humanitariamente descabidas e sanitariamente ineficazes ao trabalho dos brasileiros, com apoio da velha grande imprensa, o Presidente Jair Bolsonaro e nós, seu Governo, cuidávamos de todos, de todas as formas possíveis.

Cuidávamos, inclusive, dos Estados e Municípios, que nunca na história haviam recebido tanto dinheiro da União. Ora, se tem algo que é tradicional na gestão pública brasileira é governos municipais, estaduais e o federal fechando as contas no vermelho — ou seja, gastando mais do que arrecadando. Pois, **em pleno ano da pandemia, em meio a uma crise mundial histórica, os Estados e Municípios brasileiros fecharam as contas no azul, graças exatamente a quem muitos prefeitos e governadores, com a ajuda da imprensa, atacavam diuturnamente.**

> **ESTADÃO**
>
> **Com ajuda do governo federal, Estados e municípios terminam 2020 com as contas no azul**
>
> Repasses emergenciais da União para combater a pandemia totalizaram R$ 78,247 bilhões no ano passado

Vale a pena reproduzir trechos da reportagem acima — afinal, não é todo dia que a velha imprensa registra a verdade dos fatos assim:

> «No ano marcado por um rombo recorde nas contas públicas devido ao esforço de combate à pandemia de covid-19, ***Estados e Municípios aproveitaram repasses emergenciais de recursos pela União para registrar o melhor resultado primário desde 2011***. Enquanto o governo federal assumiu todo o déficit primário do ano passado, o conjunto de governadores e prefeitos conseguiu fechar 2020 no azul.[4]»

Ou seja, enquanto alguns prefeitos e governadores se escondiam atrás de medidas autoritárias e demagógicas, em jogadas ensaiadas com a velha imprensa, nosso Governo assumiu sozinho toda a responsabilidade por ações efetivas para todos — do histórico Auxílio Emergencial à vacina, do socorro aos desempre-

---

[4] "Com ajuda do governo federal, Estados e Municípios terminam 2020 com as contas no azul", Eduardo Rodrigues e Fabrício de Castro, Estadão, 29 de janeiro de 2021: https://www.estadao.com.br/economia/com-ajuda-do-governo-federal-estados-e-municipios-terminam-2020-com-as-contas-no-azul/.

gados e vulneráveis, do apoio às empresas, da abertura de UTIs e compra de equipamentos aos recursos bilionários a Estados e Municípios.

É claro, nada disso foi por acaso.

Se reagimos tão bem à pandemia e retomamos com tanta força a economia em um mundo em destroços, foi porque em 2019, antes do vírus e do *fecha tudo*, vínhamos muito bem — e isso após pegarmos um país que mal iniciava sua reconstrução.

Antes de 2019, o Brasil vivia às voltas com crescentes e alarmantes índices de violência, com massacre de inocentes e tolerância com criminosos. Vivíamos os maiores escândalos de corrupção da nossa história, por obra do PT e de gente como Lula e Dilma. Começamos nossa gestão, inclusive, **ao fim da pior década para a economia brasileira em 120 anos**.[5]

Em 2019, então, passamos a colocar o Brasil no **caminho da prosperidade e da liberdade** e alcançando, de imediato, resultados expressivos — conforme já relatado no Capítulo 8:

◊ redução dos principais índices de violência e sucessivos recordes de apreensão de drogas, sufocando o tráfico e libertando os brasileiros de bem;

◊ defesa da vida desde a concepção, defesa da inocência dos pequenos e da dignidade dos idosos e das mulheres e atenção especial a quem mais precisa (pensão vitalícia para famílias com crianças vítimas do zika vírus, isenção de impostos para medicamentos da AIDS, do câncer, da Covid, etc.);

---

[5] "Brasil tem pior década para a economia em 120 anos", Gabriella Soares, Poder 360, 3 de março de 2021: https://www.poder360.com.br/economia/brasil-tem-pior-decada-para-a-economia-em-120-anos/.

◊ ações pela liberdade para trabalhar e empreender, especialmente com a Lei de Liberdade Econômica, resultando numa queda abrupta da taxa de desemprego;
◊ fim da rotina de escândalos de corrupção e mudança da imagem do Brasil no cenário internacional, levando nosso país a ser o 4.º principal destino de investimentos no G-20 em 2019.

Foi assim que, em 2019, primeiro ano do Governo do Presidente Bolsonaro, foram criadas as condições para que, no contexto do coronavírus, o Brasil fosse um dos países que menos sofreu os impactos da crise mundial e um dos que mais investiu na defesa da vida.

E não investimos dinheiro "apenas" — entre aspas, porque foi **muito**, muito dinheiro. Investimos também inteligência, iniciativa, diligência e visão. E muito disso foi discutido por nós, ministros, em almoços que eu organizava, como na imagem abaixo:

Almoço de trabalho com amigos ministros, discutindo ações de emergência para os brasileiros em abril de 2020 — Tereza Cristina, Paulo Guedes, Tarcísio de Freitas e Ernesto Araújo.

Eu estabeleci esse hábito de almoçar com ministros em 2019, quando era ministro da Casa Civil e reunia os colegas por áreas de atuação. Depois, quando fui para a Cidadania, mantive essa rotina, com o objetivo de alinhar o trabalho e somar esforços.

Já em janeiro de 2020, perante os primeiros sinais de que não se tratava de um simples vírus, o Governo Bolsonaro já elaborou um **plano de contingência** para lidar com uma possível situação anormal. E no começo de fevereiro de 2020 nós já **decretávamos Estado de Emergência em Saúde, antes de qualquer decreto da Organização Mundial da Saúde** — antes, muito antes de muitos daqueles prefeitos e governadores que viriam a *fechar tudo* tomarem qualquer tipo de providência.

De fato, vivemos tempos excepcionais no Brasil. Aqueles **prefeitos e governadores** que mencionei algumas páginas atrás, que, irresponsavelmente, decretaram a paralisação das atividades econômicas por muitos meses, eram os mesmos que

◊ em fevereiro de 2020 não apenas não impediram o acontecimento do carnaval, como estimularam a festa em seus domínios — mas depois tentaram emplacar a narrativa de que o Governo Bolsonaro fora irresponsável;

◊ causaram desemprego de milhões de brasileiros e o fechamento de milhares de empresas, levando as pessoas à fome, ao endividamento e ao desespero — mas não deixaram de receber os recursos enviados pelo Governo Bolsonaro, que socorreu a todos.

Os números são absolutamente superlativos.

Ao todo, em 2020, 21 e parte de 22, entre compra de vacinas, equipamentos e medicamentos, assistência social e socorro a empresas, Estados e Municípios, **o Governo Bolsonaro destinou mais de um trilhão e trezentos bilhões de reais**. Dinheiro dos brasileiros, utilizado para ajudar os brasileiros vitimados pelo vírus e pelo *fecha tudo* comandado por parte do Judiciário, dos prefeitos e dos governadores.

Até meados de 2022, os números eram estes:

- **R$ 626,51 bilhões** em gastos exclusivos para combate à Covid-19 (equipamentos, medicamentos, insumos, profissionais, etc.);
- **R$ 375 bilhões** em repasses para Estados e Municípios;
- **R$ 28 bilhões** para aquisição de vacinas contra a Covid-19;
- **R$ 355 bilhões** foram pagos diretamente a mais de **68 milhões** de pessoas através do Auxílio Emergencial.

Além desses valores financeiros sem precedentes, vale destacar alguns fatos sobre o nosso trabalho na pandemia:

- segundo estimativa do Fundo Monetário Internacional, o Brasil investiu mais do que a média de todos os países emergentes durante a crise da Covid: 8,8% do PIB contra aproximadamente 5% do PIB; investimos mais, inclusive, do que muitos países considerados ricos;
- o pagamento do Auxílio Emergencial era feito individualmente, mas sabemos que cada pessoa tende a ter pelo menos um dependente ou familiar junto de si; se cada pagamento, portanto, beneficiou mais de uma pessoa, então **mais da metade** dos brasileiros foram beneficiados pelo Auxílio (segundo um cálculo conservador que fazíamos no Ministério da Cidadania);

◊ mais de **38 milhões** dos chamados *invisíveis* (pessoas sem conta em banco e sem outros registros) foram bancarizados e receberam o Auxílio;
◊ somente em 2020, o Auxílio Emergencial pago aos brasileiros foi equivalente a **15 anos** de Bolsa Família;
◊ graças ao Auxílio, mais de **15 milhões** de cidadãos saíram da linha da pobreza; ou seja, **reduzimos a pobreza em 23,7% em plena crise mundial.**

AgênciaBrasil

Geral

Auxílio emergencial reduziu a pobreza em 23%

FGV diz que 15 milhões de brasileiros saíram da linha da pobreza

Publicado em 09/10/2020 - 13:07 Por Akemi Nitahara – Repórter da Agência Brasil - Rio de Janeiro

---

"Segundo estudo [...] da Fundação Getulio Vargas (FGV Social), 15 milhões de brasileiros saíram da linha da pobreza até agosto de 2020, uma queda de 23,7%."[6]

E isso tudo ainda sem contar o trabalho anterior à pandemia por parte do Governo Bolsonaro na área da saúde. **Em 2019, ao natural, sem emergência sanitária, nosso governo ampliou o número de UTIs em todo o país em 39%.** Nós atendemos nada menos que 100% dos pedidos de abertura de leitos por parte dos

---

[6] "Auxílio emergencial reduziu a pobreza em 23%", Agência Brasil, 9 de outubro de 2020: https://agenciabrasil.ebc.com.br/geral/noticia/2020-10/auxilio-emergencial-reduziu-pobreza-em-23.

Estados, investindo mais de R$ 330 milhões em contratação de profissionais de saúde.

Para se ter uma ideia do avanço, já em 2019 elevamos o Brasil para uma taxa média de UTIs por habitantes superior a alguns dos países mais ricos. Ao começo da pandemia, em março de 2020, contávamos com 20,3 leitos de UTIs para cada 100 mil habitantes — mais do que nações como Itália (12,5), França (11,6), Espanha (9,7), Japão (7,3) e Reino Unido (6,6).[7]

A visão humanitária e a coragem inabalável de Jair Bolsonaro na pandemia

Sempre foi muito *estranha* — digamos assim, para evitar problemas judiciais... — a ânsia da grande imprensa, de parte do Judiciário e de parte dos governadores e prefeitos em simplesmente **fechar tudo**; "A economia a gente vê depois", diziam celebridades, jornalistas, juristas e políticos.

Atitude irresponsável e insana — e, também, estúpida. Afinal de contas, especialistas afirmavam e autoridades no mundo todo comprovaram que era possível continuar com quase todos os negócios, desde que tomando-se todos os cuidados necessários.

Mesmo assim, a militância da destruição seguia firme no auge da pandemia, em 2020. E seguia condenando Jair Bolsonaro e chamando-o de *genocida*, embora o Presidente e seu Governo

---

[7] "Brasil tem mais leitos de UTI do que a Itália", Estado de Minas, 23 de março de 2020: https://www.em.com.br/app/colunistas/amauri-segalla/2020/03/23/interna_amauri_segalla,1131402/brasil-tem-mais-leitos-de-uti-do-que-a-italia.shtml#-google_vignette.

fossem referência mundial no combate ao vírus, na assistência social e no socorro econômico.

Digo que a militância em favor do *fecha tudo* era *estranha* porque não podia ser plausível que pessoas com estudo e informações defendessem medidas que destruiriam a economia e ainda não seriam efetivas naquilo que diziam pretender (diminuir o contágio). A estranheza, contudo, acabou em maio de 2020, quando o líder esquerdista Lula celebrou o surgimento do coronavírus.

'AINDA BEM QUE A NATUREZA CRIOU O CORONAVÍRUS'

Enquanto o líder da esquerda celebrava o coronavírus porque a calamidade era vantajosa às suas convicções e a seus planos, o líder dos brasileiros Jair Bolsonaro trabalhava para ajudar a todos — inclusive quem o difamava. E com uma visão completa, preocupada com o **cuidado das vidas através da saúde e através também da economia.**

Desde o princípio do problema, o Presidente adotou uma postura que, hoje, ninguém mais questiona. Fechar tudo causou atraso, perdas, fome, miséria e até mesmo problemas físicos e mentais. E Bolsonaro avisou que isso aconteceria já nos primeiros dias da pandemia, em pronunciamento em março de 2020:[8]

> «Temos uma missão: **salvar vidas, sem deixar para trás os empregos.** Por um lado, temos que ter cautela e precaução com todos, principalmente junto aos mais idosos e portadores de doenças preexistentes. Por outro, temos que combater o desemprego, que cresce rapidamente, em especial entre os mais pobres. Vamos cumprir essa missão, ao mesmo tempo em que cuidamos da saúde das pessoas.»

No início da Covid, a fabricação do pânico por parte da velha imprensa teve seu auge. Um dos focos era dizer que o Presidente Bolsonaro era *desumano* ao se preocupar com empregos e que, assim, não estaria priorizando a vida. Era justamente o contrário: sem emprego não há dignidade nem meios de se sustentar, de colocar o pão de cada dia na mesa de casa; nos piores casos, isso leva à fome, à miséria e à morte.

Felizmente, graças ao nosso trabalho, especialmente com o Auxílio Emergencial, milhões de brasileiros sobreviveram à destruição do *fecha tudo*. Porém, sendo o Auxílio um socorro, um recurso de emergência, ele não seria capaz de compensar a falência de empresas, a perda de empregos e a redução das perspectivas de milhões de famílias. Em cada lar que ainda hoje, meados de 2023, tenta se reerguer dos escombros da pandemia, tem a digital de quem militou pelo *quanto pior melhor* por pura aversão a Bolsonaro.

---

[8] "Presidente destaca a importância de salvar vidas e empregos", TV Brasil: https://www.youtube.com/watch?v=pDSff9_zLm0.

Bolsonaro foi o único grande líder no mundo todo a defender — desde o início — o funcionamento responsável das atividades econômicas, ressalvando a necessidade de cuidados com a saúde e a proteção da vida.

> E, também, **trabalhou desde o início da situação pela compra de vacinas para o Brasil**. Em março de 2020, em entrevista na saída do Alvorada, o Presidente disse o seguinte, demonstrando atenção à questão: "A vacina contra o covid-19 foi testada em humanos pela primeira vez. Os testes aconteceram nos EUA."

Em agosto de 2020, o Presidente assina MP liberando 1,9 bilhão de reais para o desenvolvimento de vacina. Em setembro, a declaração que seria usada pelos inimigos de Jair Bolsonaro de modo distorcido, maldoso e canalha: "Ninguém pode obrigar ninguém a tomar a vacina". Mais uma vez, o Presidente demonstrava todo seu respeito à liberdade individual de cada brasileiro — **ao mesmo tempo em que trabalhava para que todos que quisessem tivessem acesso à vacinação, garantia o direito de quem não quisesse receber as doses.**

Em dezembro de 2020, o Presidente assina a MP de 20 bilhões de reais para a compra dos primeiros lotes da vacina. Em janeiro de 2021, o mundo todo ainda não havia começado a vacinar contra a Covid; antes do fim do ano, já estávamos entre os líderes mundiais em vacinação.[9]

---

[9] "Brasil ultrapassa os EUA em parcela da população totalmente vacinada contra a Covid", CNN, 17 de novembro de 2021: https://www.cnnbrasil.com.br/saude/brasil-ultrapassa-os-eua-em-parcela-da-populacao-totalmente-vacinada-contra-a-covid/.

Brasil ultrapassa os EUA em parcela da população totalmente vacinada contra a Covid

Segundo levantamento da Agência CNN, 59,06% dos brasileiros foram completamente vacinados, contra 58,9% da população dos EUA

De quem foi esse trabalho? Quantas vacinas foram compradas por prefeitos e governadores? Zero! As 600 milhões de doses que o Governo Federal colocou à disposição dos brasileiros vieram todas do trabalho liderado por Jair Bolsonaro. Um trabalho de coragem, de **um Presidente que jamais se escondeu atrás do poder, não se trancou dentro do Palácio, foi para perto de quem precisava.**

> E foi junto de quem mais precisava que fizemos história num momento tão tenso, com o Auxílio Emergencial para quem mais precisava, crédito e apoio para as empresas e os trabalhadores e recursos bilionários para prefeitos e governadores — justamente para quem tanto ajudou a criar narrativas absolutamente pérfidas contra o Presidente Bolsonaro.

É claro que os recursos não eram para os prefeitos e governadores, mas sim para os brasileiros por eles governados — e por eles impedidos de trabalhar para sobreviver. Mas foram eles, os prefeitos e governadores que tanto criticaram Jair Bolsonaro, quem mais se aproveitou de modo oportunista do trabalho do nosso Governo. Eu costumo dizer que **Jair Bolsonaro foi o melhor secretário da Fazenda de cada Estado brasileiro**, pois foi a caneta dele que colocou as contas dos entes no azul. Afinal, fazia mais de duas décadas que isso não acontecia.

Nosso Governo, a mando de Jair Bolsonaro,

- agiu desde o início, decretando emergência antes mesmo de a OMS decretar pandemia;
- trabalhou para repatriar brasileiros que estavam na China (epicentro do vírus) e para preparar o sistema de saúde desde janeiro de 2020 — enquanto prefeitos e governadores se preparavam para o carnaval;
- investiu mais de **um trilhão de reais** no combate ao vírus e a suas consequências, socorrendo vulneráveis, empresas de todos os tamanhos, trabalhadores, Estados e Municípios;
- ampliou os leitos de UTI já em 2019 e seguiu investindo em leitos, equipamentos e profissionais em 2020, durante a crise;
- acompanhou e fomentou a produção de vacina contra a Covid, adquirindo sozinho todas as 600 milhões de doses que foram colocadas à disposição dos brasileiros;
- e, por fim, jamais deixou de defender o bem mais precioso do ser humano: sua **liberdade** — liberdade para trabalhar (com cuidados e responsabilidade) e liberdade para tomar suas decisões.

Ainda assim, Jair Bolsonaro e nós, seu Governo, fomos vítimas de uma campanha de difamação midiática, que contou com atores importantes, com poder, com toga, com tribuna, com microfones, com cargos. O epifenômeno dessa dinâmica de mentiras, distorções, desinformações e injustiças foi aquilo que a velha imprensa chamou de "CPI da Covid" — mas que os brasileiros chamaram de **CPI do Circo**.

12

UM CIRCO CONSTRANGEDOR

Mais uma vez, *combati o bom combate*. E, com a missão cumprida, terminei a carreira. Sem jamais deixar de guardar a fé.

Abro este capítulo parafraseando o apóstolo Paulo para fazer a transição do inesquecível ano de 2020 para 2021, quando, mais uma vez, eu recebia nova missão do Presidente Bolsonaro. Após haver colocado em pé o maior programa assistencial que o mundo já viu e de comandar o socorro do Governo Federal a aproximadamente 70 milhões de famílias brasileiras, chegava ao fim meu ciclo no Ministério da Cidadania.

Em 24 de fevereiro de 2021, eu era empossado pelo Presidente como ministro da Secretaria-Geral da Presidência da República (SGPR). Com isso, voltava a despachar no Palácio do Planalto. Este era um dos quatro *ministérios palacianos* — junto do Gabinete de Segurança Institucional, da Secretaria de Governo e da Casa Civil. A SGPR atua diretamente no assessoramento ao Presidente e, por isso, tem papel estratégico no dia a dia do Governo.

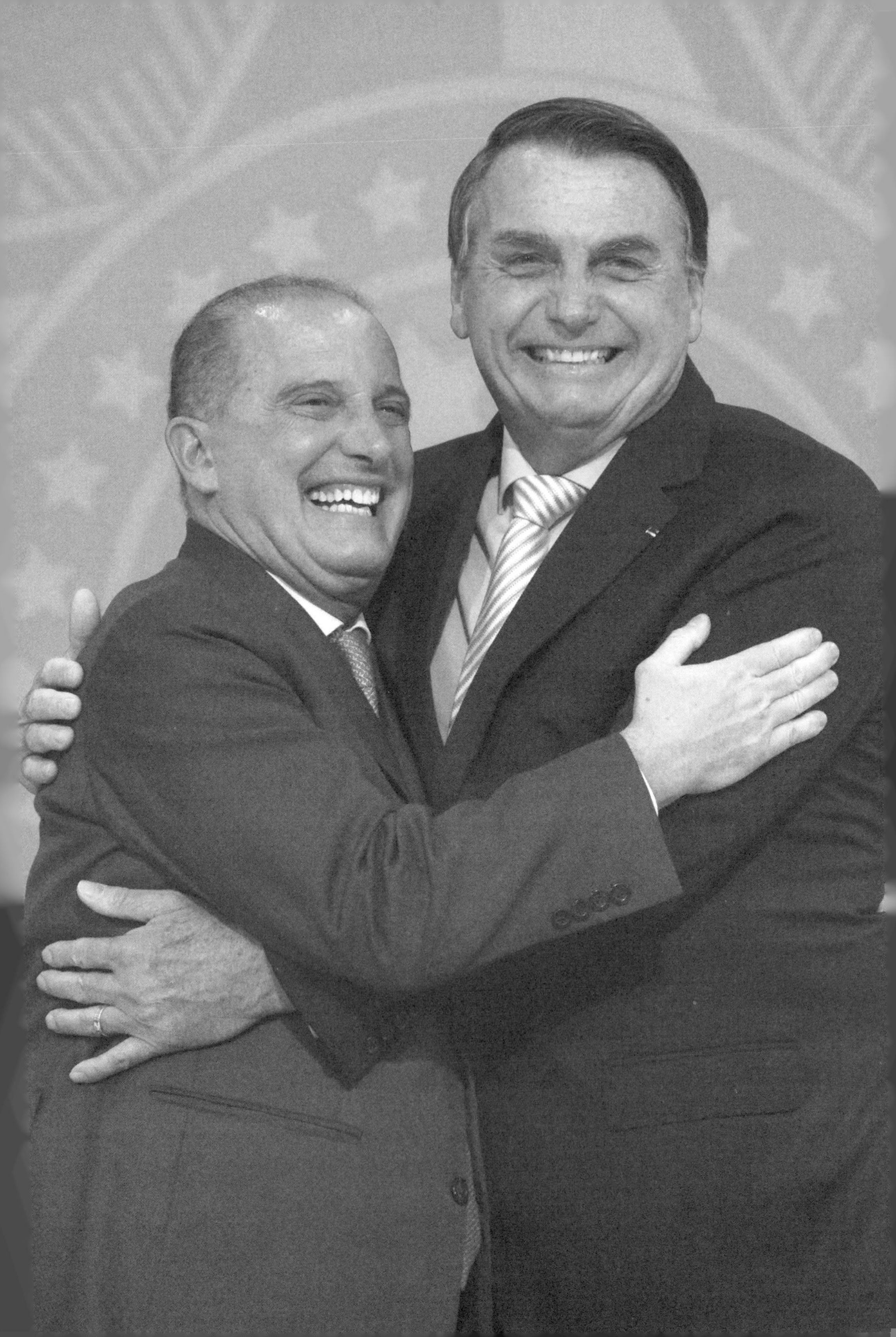

Mais uma vez, assim como no Ministério da Cidadania, eu não sabia do grande desafio que me esperava. Quando saí da Casa Civil para a Cidadania, a pandemia ainda não havia começado, mas, poucos dias depois, já estava trabalhando no socorro humanitário a milhões de brasileiros. Depois, quando fui para a SGPR, a ideia era, após cumprir a missão do Auxílio, ajudar o Presidente Bolsonaro a vencer os desafios para a retomada do crescimento do Brasil.

Porém, logo surgiu uma batalha muito específica a ser superada: a CPI da Covid — ou CPI do Circo, como se convencionou chamar, por justiça, uma CPI criada para servir de palco a toda sorte de falastrões, dispostos a atacar um governo que procurou cuidar de todos desde o primeiro momento.

> Ficou muito claro, aliás, que a intenção da CPI era desgastar o Governo e o Presidente, influenciando em um processo de *impeachment*. A ideia de investigar possíveis irregularidades na gestão de recursos no contexto da Covid nunca passou de subterfúgio, de justificativa para a ação política — não fosse assim, a CPI do Circo não teria deixado de ouvir governadores, secretários e outras autoridades estaduais envolvidas em escândalos e investigados pela Polícia Federal.

Afinal, o que havia para investigar?

◊ No começo de fevereiro de 2020, enquanto muitos Estados e Municípios se preparavam para o carnaval, o Presidente Bolsonaro decretava Situação de Emergência em Saúde Pública e ordenava a **preparação do sistema público para uma possível crise**.

◊ Já havíamos ampliado os leitos de UTI em 2019, de forma inédita; com a Covid, investimos bilhões em mais UTIs, em equipamentos (como respiradores), insumos, medicamentos e profissionais. Investimos, também, bilhões em vacinas, constituindo o Brasil como referência mundial na vacinação contra a Covid.

◊ Depois, enquanto Estados e Municípios recebiam do STF permissão para para fazer a sua gestão da crise sanitária (com muitos escolhendo um caminho de interrupção irresponsável das atividades econômicas, sem critérios claros, gerando desemprego e sem a garantia de que isso ajudasse no combate ao vírus), **o Governo Bolsonaro trabalhou para conter os danos** de toda essa inconsequência.

◊ Para os mais necessitados, oferecemos o Auxílio Emergencial, que evitou a fome de aproximadamente 70 milhões de famílias brasileiras.

◊ Para empresas e trabalhadores, instituímos programas que evitaram a quebra de mais de 10 milhões de empresas e a demissão de mais de 20 milhões de pessoas.

◊ Auxiliamos, também, os próprios Estados e Municípios, com repasses históricos, perdão e renegociação de dívidas e apoio logístico no combate ao vírus.

◊ Em todas essas ações, em diversas frentes, investimos aproximadamente **um trilhão de reais**, colocando o Brasil no nível dos países de primeiro mundo no combate à pandemia e a suas consequências econômicas e humanitárias.

Perante isso tudo, repito a pergunta: ao menos em relação ao Governo Federal, **o que haveria para investigar**?

É importante registrar que as centenas de bilhões de reais que investimos foram **acrescidas** ao SUS, aos investimentos que já fazíamos normalmente. Enquanto países como Itália e Alemanha viram seus sistemas de saúde falharem, no Brasil conseguimos lidar com o problema de forma efetiva — **e fizemos o SUS funcionar como nunca.**

O único problema real que enfrentamos, que não era apenas narrativa midiática, foi o caso dos oxigênios em Manaus. Ainda assim, foi uma situação de fornecimento por parte das empresas responsáveis. E, em menos de meia semana, o Governo Federal contornou a questão, especialmente por meio da Força Aérea Brasileira. Hoje, é facilmente identificável que se tratou de uma falha local de gestão de estoque, mas rapidamente contornada pela ação do Governo.

Aliás, é importante registrar que todas as respostas que demos foram muito rápidas e efetivas. Pela forma como a velha imprensa tratou todas as situações, parece que os brasileiros esperaram por meses pelo socorro federal diante da crise econômica mundial de 2020, parece que os amazonenses ficaram semanas sem oxigênio e que o Brasil começou a vacinar depois de todo o mundo. A verdade, porém, é que

◊ o Auxílio Emergencial, com toda sua complexidade, foi posto em circulação em poucos dias;
◊ Manaus, após uma falha local, não ficou mais do que três ou quatro dias sem abastecimento de oxigênio;

◊   e o Brasil começou a vacinar junto com o mundo todo, logo tomando a dianteira na cobertura vacinal.

Aliás, o trabalho que fizemos ao longo de 2020 em busca de vacinas foi muito intenso. Ao longo dos meses, um trabalho silencioso foi desempenhado para fechar acordos com diferentes laboratórios mundo afora.

> Em 18 março de 2020, em seu Twitter, o Presidente Bolsonaro é a primeira autoridade no Brasil a falar em busca pela vacina. Em junho, o Ministério da Saúde já autorizava os estudos para desenvolvimento da solução. Em dezembro, o Presidente já havia assinado 120 bilhões de reais em MPs para a compra de vacinas. Ou seja, tudo que havia para ser feito, nós fizemos.

Em janeiro de 2021, junto com praticamente todos os outros países, começamos a vacinar nossa população. As únicas ressalvas do Presidente eram totalmente sensatas: a firme disposição de **não fazer aventuras com a vida** dos brasileiros, comprando qualquer vacina, de qualquer jeito, só para dizer que comprou; e o **inegociável respeito à liberdade de cada um sobre vacinar-se ou não**.

E é necessário registrar algo que a imprensa brasileira escondeu de todos: **não bastava *querer* comprar vacinas contra a Covid em 2020 e 21 — era preciso conseguir, fechar acordos com laboratórios antes que outros países chegassem.** Não é exagero dizer que o mundo todo viveu uma pequena guerra fria pelas vacinas. A velha imprensa brasileira manipulou as informações para fazer parecer que o Governo demorou para comprar vacinas — e que demorou porque quis, por pura falta de vontade.

A verdade, contudo, é que, como já disse aqui, desde o começo da situação o Presidente Bolsonaro esteve atento ao desenvolvimento da vacina, falando sobre isso já em março de 2020, meses antes de alguns governadores oportunistas e muitos jornalistas mentirosos começarem a criticá-lo. E, no fim, podemos dizer que **vencemos essa guerra fria**, a corrida pelas vacinas — afinal,

◊ começamos a vacinar junto com o mundo todo,
◊ e logo passamos às primeiras colocações no *ranking* mundial de cobertura vacinal contra a Covid,
◊ e tudo isso **comprando, recebendo e enviando 600 milhões de doses para os Estados e Municípios.**

Por pura politicagem, desrespeitando as necessidades dos brasileiros, muitos prefeitos e governadores fecharam tudo e, depois, culparam Jair Bolsonaro pelo desemprego e pela crise econômica — enquanto Jair Bolsonaro e sua equipe enviavam bilhões de reais para esses mesmos prefeitos e governadores, além de socorrer as empresas e os trabalhadores.

Por pura politicagem, muitos prefeitos e governadores, com apoio da velha imprensa, inventaram contra Jair Bolsonaro narrativas a respeito da vacina — enquanto Jair Bolsonaro e sua equipe compravam e entregavam para esses mesmos prefeitos e governadores todas as vacinas com as quais eles faziam populismo, tiravam fotos para as redes sociais e lucravam politicamente.

Boa parte dessas narrativas mentirosas se sustentavam na discussão a respeito da **obrigatoriedade das vacinas.** Jair Bolsonaro e nós, do seu Governo, sempre trabalhamos para que todos tivessem vacinas à disposição e, ao mesmo tempo, para que todos decidissem livremente sobre vacinar-se ou não. **Jamais cogitamos de atentar contra a liberdade individual de cada brasileiro** — em questão alguma, aliás.

Então, foi esse Presidente e este Governo que foram levados à CPI do Circo. Somente no Brasil mesmo que uma administração ilibada e eficiente é julgada por um grupo de políticos formado, em parte, por célebres corruptos, por pessoas condenadas e investigadas inúmeras vezes — por **pessoas conhecidas nacionalmente apenas por isso, por sua total falta de retidão na vida pública.** Se isso não é uma piada, um circo, não sei o que é.

Além de todo o trabalho em Brasília, Jair Bolsonaro e nós, sua equipe, jamais nos escondemos e, seguindo o exemplo do Capitão, sempre estivemos perto dos brasileiros.

Com a instalação da CPI e a convocação de pessoas do Governo, nós discutimos internamente sobre como defender o nosso trabalho e sustentar a verdade dos fatos contra as narrativas mentirosas daquela estranha união que se formou no Congresso para nos atacar e tirar proveito político de uma calamidade mundial.

Eu já tinha grande experiência acumulada em situações desse tipo, tendo papel de destaque, no passado, na CPI dos Correios, que revelou para o país o Mensalão do Lula e do PT, e na CPI da Petrobras, que desnudou para o mundo todo o maior escândalo da História do Brasil, além de haver participado de mais de 20 outras CPIs. Com isso, **acabei assumindo papel importante na organização interna da defesa do Governo Bolsonaro contra a CPI do Circo.**

Evidentemente, eu não era o único. Formamos um comitê com colegas muito empenhados e competentes, trabalhando sempre em cima de fatos e dados — muitos dos quais já listados aqui neste livro. Porém, destaco aqui esse papel que eu assumi porque, mais uma vez, estando entregue aos desígnios de Deus e à disposição para ajudar o Presidente e o Brasil, acabei ocupando uma posição que logo se torna relevante.

Assim como quando fui para a Cidadania sem saber que comandaria o estabelecimento de um programa assistencial de relevância histórica e de importância humanitária, quando virei ministro da Secretaria-Geral eu não sabia que atuaria na defesa do legado de um presidente e um governo que trabalharam muito, mas seriam vítimas de ataques espúrios.

Defendendo o legado — concedendo entrevista em abril de 2021.

Nossa missão nesse comitê informal era dar apoio a quem se preparava para ser constrangido numa CPI que virou um verdadeiro picadeiro de politicagem e demagogia. E tudo com massivo apoio da velha imprensa brasileira — inclusive quando a CPI ia além dos ataques infundados ao Governo Bolsonaro e partia para ataques a bandeiras aparentemente muito caras aos jornalistas da grande mídia, como o **feminismo**.

Lembremo-nos de quando a Comissão recebeu as médicas Nise Yamaguchi e Mayra Pinheiro. Já era comum vermos parlamentares de oposição a Bolsonaro deixando claro — com suas atitudes de truculência, abuso de autoridade e deboche — que estavam ali para humilhar e subjugar aqueles que julgavam seus adversários. Porém, quando as doutoras Yamaguchi e Pinheiro estiveram numa sessão, a coisa ficou escandalosa, como descreveu a *Gazeta do Povo*:[1]

> «As duas médicas são defensoras do chamado "tratamento precoce" e estão mais alinhadas com a posição do governo federal. Isso bastou para que oposicionistas e ditos "independentes" se vissem autorizados a submetê-las a todo tipo de interrupções e desrespeito, a ponto de o Conselho Federal de Medicina (CFM) ter enviado uma nota ao presidente do Senado, Rodrigo Pacheco (DEM-MG), condenando o tratamento dado às profissionais. Não se trata de simples corporativismo: qualquer um que assista aos vídeos das sessões da CPI – concorde ou não com as profissionais a respeito do "tratamento precoce" – percebe que as médicas foram alvo de todo o cardápio de termos cunhados para descrever o menosprezo pela mulher em um debate, como "mansplaining" e "manterrupting". O movimento feminista só não se levantou em massa para "cancelar" os senadores porque as vítimas estão ao lado do governo, diferentemente de outra médica chamada a depor: Luana Araújo, contrária ao "tratamento precoce" e tratada com muito mais civilidade pelos membros da CPI.»

---

[1] *Gazeta do Povo*, 9 de junho de 2021, *Machismo e truculência na CPI*: https://www.gazetadopovo.com.br/opiniao/editoriais/cpi-covid-machismo-truculencia-mayra-pinheiro-nise-yamaguchi/.

Feministas, jornalistas, celebridades, políticos defensores das minorias... Todos silenciaram. Ninguém se levantou para denunciar o festival de desrespeitos às mulheres e, também, à ciência. Afinal, o que vimos foram doutoras, estudiosas, especializadas, sendo avacalhadas e constrangidas por pessoas que mal escrevem o próprio nome. Foi o caso da interpelação sofrida pela Dra. Nise, quando interrogada por um senador que

> «transformou suas perguntas em teste de conhecimentos gerais e, mesmo recebendo respostas corretas da imunologista, retrucava alegando que ela estava enganada e que ela "não sabia de nada". A certa altura, Yamaguchi respondeu acertadamente, e três vezes — tantas eram as interrupções agressivas da parte de Alencar —, o nome de um teste para detecção da Covid; na sequência, o senador afirmou que ela havia errado a resposta e que o termo correto era... justamente o que a médica havia usado.»

Como se vê, era um trabalho árduo, pois os inimigos do Brasil estavam dispostos a tudo para prejudicar o Governo, pouco se importando com o fato de que isso prejudicaria os brasileiros. Investigar possíveis irregularidades e trabalhar para um melhor atendimento de saúde pública no país eram interesses que não passavam nem perto dos trabalhos da CPI, cujo **objetivo zero era desgastar a imagem do Presidente Jair Bolsonaro**.

Foi nesse contexto que criamos o grupo de trabalho — não apenas para fazermos a **justa defesa da nossa atuação**, mas também para levarmos **a verdade dos fatos à população**. E, felizmente, conseguimos desarmar muitas das farsas apresentadas tanto na CPI como fora dela, mas dentro da mesma conjuntura.

Coletiva de imprensa no Palácio do Planalto em junho de 2021: desfazendo uma de tantas narrativas mentirosas que não teriam repercussão nenhuma se a imprensa brasileira fosse séria.

> Apesar de tantas tentativas, hoje podemos ver com clareza absoluta que a CPI da Covid não parava em pé sob aspecto nenhum, que todas as suas acusações contra o Presidente e o nosso Governo eram um grande nada e que o Senado se prestou a um desserviço patético, envergonhando a nação que o sustenta, com muito suor e trabalho.

E — é preciso reconhecer — boa parte do sucesso do Governo Bolsonaro no combate à pandemia e do fato de resistirmos com a força da verdade contra os ataques da CPI do Circo e de seus entusiastas da imprensa se deve ao General Eduardo Pazuello, que comandou o Ministério da Saúde no momento mais crítico da crise sanitária mundial. E, mais uma vez, tudo começa com a visão do Presidente Bolsonaro.

Foi o Presidente quem se deu conta de que o combate à pandemia era sobretudo uma questão logística — como ficou claro, por exemplo, na crise do oxigênio em Manaus, ocasionada por má gestão logística local e resolvida pelo Governo Federal com ações de logística. Então, as definições técnicas do trabalho eram dadas pelos técnicos, pelos especialistas nas diversas áreas da saúde dentro do Ministério. Mas o comando do General Pazuello foi determinante para que obtivéssemos tanto sucesso com ações como instalação de novas UTIs e outras estruturas e distribuição de medicamentos, equipamentos e vacinas.

◇◇◇

Chamar essa CPI de "CPI do Circo", como passou a ser chamada pela população, não é exagero algum. É possível que essa comissão tenha sido em si **a maior *fake news* da História do Brasil** — pelo contexto, pelo impacto e pelo nível de mendacidade de algo sem objeto de investigação, sem porquê e sem resultados. Tanto é verdade que até mesmo a imprensa, que chegou a se abraçar a figuras como Renan Calheiros, foi aos poucos abandonando a CPI pelo caminho.

Com a missão cumprida — mais uma! —, eu poderia seguir por outros caminhos: a **retomada do crescimento econômico**, dos empregos e da esperança para os brasileiros. Como um bom soldado, eu estava pronto para a próxima batalha.

13

A RETOMADA

Era meados de julho de 2021 quando o Presidente me chamou para comunicar que recriaria o Ministério do Trabalho e da Previdência — e que eu era o escolhido para comandar esse novo desafio. A essa altura, imagino que ele não tinha dúvida alguma sobre meu aceite; afinal, eu já deixara claro que jogaria com a camiseta que ele me desse, na posição em que ele quisesse me escalar.

Desta vez, contudo, o desafio já nascia grande. Gigante! Não que os anteriores tenham sido menores, nada disso. Mas, como já contei aqui, quando fui escalado para o ministério da Cidadania, não sabia que isso me colocaria na linha de frente do combate a uma crise humanitária histórica. Do mesmo modo, quando fui para a Secretaria-Geral da Presidência, não sabia que enfrentaria o sistema erguendo-se para destruir a reputação do Presidente e do nosso governo.

Agora, porém, ao ser chamado para o novo Ministério do Trabalho e da Previdência (MTP), o desafio era muito claro: **consolidar a retomada econômica do Brasil**.

O Ministério do Trabalho fora extinto no início do nosso Governo, passando a fazer parte do "superministério" da Economia. O Presidente, então, recriou esse ministério e deu a mim o comando de uma área vital naquele momento. Com isso, muitos me disseram que esse era um gesto de respeito e retribuição do Presidente Bolsonaro para mim, um reconhecimento pelos meus serviços prestados, na forma do comando de uma pasta de enorme importância. Respeitosamente, discordo.

O Presidente Bolsonaro — muito corretamente — nunca colocou isso de agradar alguém na frente das necessidades do Brasil e dos brasileiros. Se há algo que entendi em todos esses anos de convivência é que Jair Bolsonaro é um homem voltado à solução dos problemas para a maioria silenciosa, que trabalha duro para pagar a gigantesca conta dos gastos públicos.

Senti-me honrado, com certeza, mas, como em todas as vezes anteriores, pelo reconhecimento de que sou capaz de cumprir importante missão. E, convenhamos, não há maior recompensa do que ser designado para alguma tarefa difícil e de enorme relevância e repercussão. De fato, havia muito a ser feito nas searas do emprego e da previdência.

Os resultados econômicos eram auspiciosos, graças ao trabalho do nosso governo durante a pandemia. Porém, o País ainda tinha de se reerguer completamente da destruição causada pelo autoritarismo inconsequente de prefeitos e governadores. Muitos deles, conforme já relatado neste livro, receberam bilhões em recursos do Governo Federal, enquanto infligiam medidas insanas e ineficientes às pessoas.

Utilizo a imagem da página anterior para ilustrar a insanidade ineficiente de alguns mandatários: no Rio Grande Sul (e em outros lugares), Eduardo Leite, governador da época, chegou a impor o incrível expediente do, digamos, *lockdown* parcial — os supermercados poderiam funcionar, mas não poderiam vender tudo o que quisessem. Não me perguntem qual é a lógica disso. O fato, contudo, é que, obviamente, medidas como essa não deram certo: além de o Rio Grande do Sul ter registrado elevados níveis de contágio e mortalidade (se comparado com outros Estados), registrou também desemprego e recessão.

Foi nesse cenário que agimos e reagimos. É claro que houve todo um trabalho pré-pandemia (quando ainda nem se sabia que teríamos de lidar com esse problema). Já detalhamos esse trabalho nesta obra, mas não custa repetir, de modo resumido, as medidas eficazes que tomamos desde o começo do Governo.

Para começar: a **Lei de Liberdade Econômica** e os esforços de alinhamento do Brasil ao "clube dos países ricos" (a **OCDE**), além de serem medidas efetivas de desburocratização e aceleração de negócios, foram alguns dos sinais que emitimos ao mundo de que éramos um país seguro para se investir.

Ao mesmo tempo, as sucessivas **reduções de impostos,** feitas desde 2019, configuraram-se numa reforma tributária informal e estimularam a produtividade e a geração de empregos, levando a um inédito **ciclo virtuoso** no Brasil: menos impostos estimulam o consumo, o que aumenta a demanda, exigindo mais produção e mais força de trabalho, aumentando os empregos para a população e, no fim, a arrecadação para o governo.

Equilibramos as contas públicas, atingindo superávits inéditos; acabamos com a sensação de livre impunidade do crime e ampliamos a sensação de segurança jurídica e econômica; combatemos a farra dos gastos públicos e da corrupção de modo inédito, a partir de diretrizes de governança técnica e eficiente, baseadas nas melhores práticas preconizadas pela OCDE.

Os resultados das **estatais** sob Jair Bolsonaro e seu governo são absolutamente expressivos:

◊ em 2015, último ano cheio de um governo do **PT**, o **prejuízo** das estatais foi de R$ 32 bilhões; em 2019, primeiro ano cheio de **Bolsonaro**, o **lucro** foi de R$ 111 bilhões; em 2020, apesar da crise da Covid-19, o registro foi de lucro de R$ 60,6 bilhões; em 2021, lucro de R$ 187,7 bilhões.

Com essas medidas e esses posicionamentos, alcançamos resultados expressivos em 2019: **retomada do emprego** e crescimento do PIB; quarto principal destino de **investimentos internacionais** entre os países do G20; volta à lista dos 25 países mais seguros para se investir; entre outros.

> Foi assim que conseguimos chegar com "gordura para queimar" no terrível cenário da Covid-19, com condições para sermos **destaque mundial em investimentos no combate à pandemia e a seus efeitos econômicos**.

Junto à base que fizemos em 2019, após o começo da pandemia tomamos providências que levariam o Brasil a bater recordes de empregabilidade e a ser destaque internacional, mesmo em um cenário de crise generalizada. Dentre essas providências, destacam-se:

◊ o **Auxílio Emergencial**, que evitou a fome de milhões de brasileiros e permitiu a manutenção do consumo e da dignidade para 68 milhões de famílias;
◊ e os programas em favor do emprego: o Benefício Emergencial de Preservação do Emprego e da Renda (BEm) e o Programa Nacional de Apoio às Microempresas e Empresas de Pequeno Porte (Pronampe) — responsáveis pela manutenção de mais de **11 milhões de empregos formais** e pela salvação de centenas de milhares de empresas.

◊◊◊

Quando eu cheguei no Ministério do Trabalho e da Previdência (oficialmente, em 28 de julho de 2021), o desafio era **incrementar esses resultados**, com soluções que ajudassem no mínimo a manter os resultados e, se possível, fortalecessem ainda mais **a retomada da nossa economia**.

No início do mandato, quando eu estava na Casa Civil, trabalhei junto da equipe econômica do Governo seguindo a lógica do **muito ajuda quem não atrapalha** e, assim, trouxemos a Lei de Liberdade Econômica, para simplificar e acelerar o ambiente de negócios brasileiro.

Da mesma forma, com a própria Casa Civil, procedemos ainda em 2019 com o **Revogaço** — um levantamento e análise de dispositivos legais que levou à **revogação de mais de mil decretos e outros instrumentos obsoletos**, inúteis e que só faziam atrapalhar a vida dos brasileiros.

Seguindo o mesmo princípio dessas ações, tão logo começamos nosso trabalho no MTP, demandei à equipe técnica estudos para a **atualização da legislação trabalhista**. Partimos de um conjunto com mais de mil decretos, portarias, instruções, etc. e os organizamos em apenas 15 dispositivos — facilitando, assim, a vida de todos por meio da desburocratização.

Os efeitos imediatos desse nosso **Marco Regulatório Trabalhista Infralegal** — que unificou, consolidou e compilou toda a nossa regulamentação previdenciária e trabalhista — são sentidos nas relações trabalhistas e na estruturação das empresas que, com menos amarras, podem focar-se naquilo que interessa: produzir, crescer, gerar empregos e movimentar a economia.

Consolidação do Marco Regulatório Trabalhista Infralegal, em novembro de 2021.

◊◊◊

Quando comecei meu trabalho no MTP, havia 300 mil pessoas na fila da Previdência para receber auxílio-morte e auxílio-nascimento. Aconteceu o seguinte: chamei a equipe técnica e pedi uma explicação sobre esse problema, o que precisava para acabar com essa fila. Ora, o que precisa para pedir esses auxílios é, respectivamente, da certidão de óbito e da certidão de nascimento. Analisando as condições para isso, percebemos que o gargalo estava nos cartórios — que era onde as pessoas precisavam ir para obter essas certidões.

O problema é que no Brasil há muita movimentação de pessoas e famílias pelo território, normalmente em busca de oportunidades de trabalho e sobrevivência. Além disso, nosso país é muito grande, com enormes distâncias entre as pessoas e o cartório mais próximo. Então, não é raro um brasileiro estar distante muitos, muitos quilômetros de um tabelionato. Não é incomum, inclusive, que essa distância seja impeditiva — por questões financeiras e logísticas.

O que fazer? A resposta é simples: **integrar, digitalmente, o nosso sistema previdenciário com os cartórios brasileiros**. É claro que a execução disso não seria tão simples assim. Mas era possível de ser feito, com toda a certeza. Fizemos, então, um convênio com a entidade que representa os cartórios e, assim, passamos a ter acesso a toda a base de dados, podendo, assim, acabar com essa fila.

Hoje, todo o sistema cartorial brasileiro está interligado, com uma base de dados cada vez mais unificada. O nível de influência que isso tem na vida de milhões de brasileiros de classes mais baixas é imensurável. Além de facilitar o recebimento de benefícios dependentes de comprovações documentais, a digitalização dos cartórios também permite a aceleração de trâmites comerciais, de negócios e, portanto, de renda e emprego.

Novamente, buscamos facilitar a vida das pessoas, desburocratizando os processos e agilizando os serviços. O **fim da prova de vida** foi outra medida desse tipo realizada por nossa equipe no MTP. Instituída pelo governo do PT em 2005, dentro da lógica estatista e autoritária de transformar exceção em regra, a prova de vida tinha como pretexto evitar tentativas de fraude no recebimento de benefícios.

Estima-se que algo em torno de 30 mil pessoas falecidas no Brasil por ano não têm o seu óbito comunicado (ou por morarem em áreas de acesso restrito, ou por motivos escusos mesmo); para tentar evitar que familiares dessas pessoas recebessem benefícios (como aposentadoria) indevidamente, a União obrigava mais de 30 milhões de pessoas a comprovarem que estavam vivas.

Recebíamos relatos os mais absurdos em torno dessa questão. Dou como exemplo o caso de uma família de Novo Hamburgo, no Rio Grande do Sul, que teve de contratar uma ambulância e deslocar uma senhora de 90 anos de idade em sua maca até o banco para olhar para a cara do caixa e comprovar que estava viva. Um verdadeiro escárnio.

Buscamos, então, algum meio para acabar com a prova de vida, mas sem facilitar o caminho das fraudes. E o caminho estava na experiência que eu tive no Ministério da Cidadania, para o pagamento do Auxílio Emergencial: a mesma base de dados que usamos para buscar os elegíveis naquela situação, poderia servir para que **o governo tomasse para si o ônus da prova de que os cidadãos destinatários de seus benefícios estariam aptos a recebê-los.**

Novamente, procedemos com mais uma ação que invertia a lógica de um Estado que se serve da população, transformando-o em um Estado **a serviço** das pessoas.

◊◊◊

Outro fato importante a se destacar foi a consolidação do **Programa de Simplificação do Microcrédito Digital**, por meio do sistema bancário, com o objetivo de atender aqueles que, até a chegada do Auxílio Emergencial, eram os 26 milhões de *invisíveis* para a economia brasileira. Desde março de 2022, mais de dois milhões de pessoas já tinham acessado esse serviço.

Isso é muito relevante porque estamos falando de pessoas que, até então, viviam na mais absoluta informalidade. Sem conta em banco, sem crédito, sem nada para socorrê-las, quando elas precisavam, acabavam tomando empréstimos junto a agiotas — transações sempre amplamente desfavoráveis e até perigosas para os devedores. Com as possibilidades de crédito, essas pessoas passaram a ter meios para **financiar seus sonhos e suas necessidades**.

Depois, no início de 2022, estendemos o programa para microempreendedores individuais, beneficiando mais de 4,5 milhões destes, com créditos de até 4 mil reais para cada — viabilizando, assim, o aquecimento de um setor amplamente expressivo da nossa economia.

◊◊◊

Em momento algum paramos de buscar soluções. Ainda em 2021, enviamos ao Congresso Nacional uma **medida provisória**

para ajudar os mais de 8 milhões de jovens chamados *nem-nem* (entre 18 e 24 anos, que não trabalham nem estudam) a encontrarem algum caminho, alguma perspectiva.

A ideia era simplificar a contratação de jovens sem experiência, com flexibilização das insanas amarras trabalhistas de nossa legislação. Após passar pela Câmara, contudo, o projeto se perdeu (ou melhor, *foi perdido*) nos trâmites internos do Senado, que preferiu não desagradar a **esquerda, sempre muito vigilante para não deixar o Brasil prosperar**.

Ao mesmo tempo, premeditando as dificuldades encontradas num Congresso sem muita disposição para melhorar a vida dos brasileiros, preparávamos a alternativa do **Serviço Civil Voluntário**, que trouxe uma solução muito inteligente e eficaz para jovens (entre 18 e 29 anos) sem experiência e pessoas acima de 50 anos que precisassem de uma oportunidade.

O programa estabelecia um convênio com prefeituras para que elas contratassem esses públicos interessados "em regime de meio turno, pagando uma bolsa (que deveria observar o valor do salário-mínimo por hora) e transporte, e assegurando que o outro turno ficasse para a realização de curso de qualificação" — cursos gratuitos, do Sistema "S".

Com essa medida, **superamos as amarras trabalhistas** porque estabelecemos um vínculo de voluntariedade entre os jovens e as prefeituras, sendo a bolsa permitida nesses casos. Com isso, além de oferecer às prefeituras uma ótima solução em recursos humanos, para os jovens nós oferecemos oportunidades de **aquisição de experiência profissional e, ao mesmo tempo, de qualificação**.

◊◊◊

Um dos anúncios do CAGED que fiz como ministro do Trabalho.

Com tudo isso, com todos esses esforços e essas soluções realizados no Ministério do Trabalho, com todas as medidas do Governo antes e durante a pandemia, alcançamos resultados absolutamente expressivos:

◊ em setembro de 2022, o Brasil registrou o **maior número de pessoas trabalhando em toda nossa História**, com mais de 100 milhões de pessoas ocupadas em alguma atividade laboral (formal ou informal);

◊ fechamos o ano de 2022 com o **menor índice de desemprego desde 2015** (9,3%), ano em que começou a maior crise econômica da História do Brasil, causada pelo Governo do PT;

◊ batemos também todos os **recordes de abertura de empresas**: para se ter uma ideia, em 14 anos de PT, surgiram 8.003.233 novas empresas no Brasil; esse número foi superado em apenas 3,5 anos de Jair Bolsonaro — 8,1 milhões (para ser mais exato: 8.113.259);

◊ após o ápice da crise da Covid, o Brasil chegou a registrar um saldo de mais de **5,3 milhões de novos empregos formais no período de retomada pós-pandemia**, entre junho de 2020 e junho de 2022.

>REVISTA OESTE
>ECONOMIA
>**Brasil bate recorde com 100 milhões de trabalhadores empregados**
>Os resultados são de um estudo do Ipea realizado por meio de dados do Instituto Brasileiro de Geografia e Estatística
>ARTUR PIVA · 21 SET 2022 17:13

Além disso tudo, o Governo Bolsonaro também levou o Brasil a ter o **menor índice de informalidade de toda a América Latina**. Em agosto de 2021 eu participei de uma cúpula com todos os ministros do Trabalho latino-americanos; à época, enquanto a média de informalidade em todos os países da região é de aproximadamente 60%, nós registramos 40,01% de trabalhadores informais; e finalizamos o Governo, em 2022, com 39,6%.[1]

---

[1] "Taxa de informalidade cai para menos de 40% no Brasil em 2022, diz IBGE", *Valor*, Lucianne Carneiro, 28 de fevereiro de 2023.

Cúpula de ministros do Trabalho organizada pela OEA, Organização dos Estados Americanos, em setembro de 2021.

◊◊◊

Como se vê, entre 2019 e 2022 muito foi feito. Muito haveria por ser feito. Trabalhamos incansavelmente, sempre atentos às demandas reais do Brasil real, do *brasileiro comum*, de quem paga a conta. O *sistema*, é claro, não aceitou o nosso trabalho — reorganizou-se e reagiu.

14
O MENINO E O HOMEM

Com o nosso Governo Bolsonaro, foram quatro anos de transformações. De mudança na forma de tratar a coisa pública, colocando-a a serviço das pessoas, invertendo uma lógica arraigada e que parecia que jamais teria fim no jeito de governar no Brasil. Essa lógica é aquela que, hoje, meados de 2023, está de volta, em que quem está no governo se utiliza da máquina para seus projetos pessoais e ideológicos, fazendo o Estado pesar mais e mais sobre os ombros de quem paga a conta.

Jair Bolsonaro, como Presidente, foi acusado inúmeras vezes, por oposicionistas e pela grande imprensa (também oposicionista) de *quebrar a liturgia do cargo*. De fato, **Jair Bolsonaro quebrou todas as liturgias do cargo de Presidente do Brasil** — ao menos dentro daquilo que os poderosos de sempre esperam de um Presidente.

> Jair Bolsonaro e nós, do seu governo, não despejamos dinheiro para a imprensa e as celebridades, não jogamos o jogo do poder com os outros poderes, não demos vida fácil para os criminosos e não fomos coniventes com a corrupção nas estruturas públicas.

De fato, portanto, quebramos tudo aquilo que jornalistas, políticos tradicionais e bacharéis empanturrados pela máquina consideram "liturgia do cargo". Cometemos o acinte — para eles — de pensar sempre em primeiro lugar no Brasil e nos brasileiros.

Prova disso é que, em 2022, todos os criminosos do Brasil, de todos os tipos, declararam-se opositores de Jair Bolsonaro e apoiadores de Lula. O sistema todo se levantou contra Bolsonaro.

Petistas e tucanos, esquerdistas ferrenhos e sociais-democratas *limpinhos*, enfim todos que sempre se locupletaram do poder, deixaram de lado o teatro em que faziam de conta perante a nação que eram inimigos e se abraçaram para retomar a hegemonia do poder e a chave do cofre. As mais diferentes facções do crime organizado — nos morros, nos gabinetes e em outros locais que não podemos mencionar — deixaram as diferenças de lado para extirpar aqueles que estavam abalando seriamente seus negócios.

Em bom português: tudo o que não presta no Brasil se uniu contra Jair Bolsonaro e seu governo com o objetivo de recolocar no poder absoluto e hegemônico os destruidores do Brasil, das famílias, da esperança, do futuro. **Burocracia, tráfico, mídia, parlamentares... — eles não aguentariam mais quatro anos de prejuízos a seus negócios.**

Cada um com seus motivos.

Para a burocracia corrupta, eram os bilhões que saíram de suas mãos e ficaram nos cofres públicos, sendo devolvidos à população em Auxílio Emergencial e outros investimentos na dignidade de todos. Ora, se no último ano pleno do PT (2015) as estatais registraram R$ 32 bilhões de prejuízos e no primeiro ano de Bolsonaro (2019) registraram lucros de R$ 109 bilhões, podemos supor que **a burocracia corrupta perdeu mais de R$ 140 bilhões já no começo do nosso Governo.**

Situação semelhante viveu o mundo do crime organizado e declarado (diferente do crime engravatado e microfonado):

◊ no último ano antes de Bolsonaro, 2018, foram apreendidas 880 toneladas de maconha e 99 toneladas de cocaína;
◊ entre 2019 e 2021, com Bolsonaro, a média anual de apreensão passou para 2 mil toneladas de maconha e 166 toneladas de cocaína apreendidas;
◊ comparando, então, o último ano antes de Bolsonaro com um ano médio do nosso Governo, tivemos um **aumento de 133,89% na média de apreensão de maconha e de 67,67% na apreensão de cocaína.**

Já a imprensa tradicional tinha motivos mais diversos para tanto ódio contra nós e contra Jair Bolsonaro. É claro que a questão financeira pesa muito para eles. A inédita **divisão equânime da publicidade estatal federal entre os veículos** e a Lei do Mandante foram algumas das iniciativas que quebraram o bizarro **monopólio de uma única empresa de comunicação, construído por décadas de relações promíscuas com o poder.**

Além do abalo no bolso, a velha imprensa também se ressentiu por perder a soberania absoluta sobre a mente dos brasileiros. Com seu posicionamento e suas ações, **o Presidente impediu a volta do monopólio da desinformação e da manipulação e da ditadura do politicamente correto** — esquemas abalados por ele mesmo, por Olavo de Carvalho e pelos brasileiros, via redes sociais. Uma mídia formada por pessoas ideologizadas desde as faculdades, que jamais aceitou as opiniões e os valores dos brasileiros e sempre agiu em favor de uma revolução destrutiva dos valores nacionais. Jair Bolsonaro ajudou a interromper esse processo — e jamais seria perdoado.

Há outros criminosos e chupins do crime, é claro. Muito poderosos. De poderes realmente decisivos e que, como os criminosos acima, queriam Jair Bolsonaro e seus apoiadores fora do jogo, porque nós éramos as únicas peças no tabuleiro do poder brasileiro que impediam a dominação completa por parte dos históricos donos do poder.

Nós éramos o antídoto que poderia salvar um corpo totalmente apodrecido e tomado por enfermidades — e os agentes desse apodrecimento fizeram de tudo para expelir esse remédio. Eles eram **os donos absolutos do poder até 2018, sem resistência, sem oposição real** - e servindo-se do trabalho dos brasileiros. **Foi Jair Bolsonaro quem colocou a nós, os brasileiros comuns, no centro do poder — e ele jamais será perdoado por isso.**

◊◊◊

Hoje, sabemos que eles *venceram*. Circunstancialmente. Porque, de fato, até mesmo eles sabem que **não venceram** de modo definitivo. A nação despertou. E esse é um processo que não tem volta.

O Brasil, como já dissemos, sempre foi um país com uma população de valores muito firmes e claros — todos contrários àquilo que querem e pensam os criminosos, revolucionários e ideológicos donos do poder.

Contudo, esses valores sempre estiveram abafados, escondidos, ocultados por um sistema de poder absoluto e monopolista, que só seria quebrado a partir do advento das redes sociais, que deram meios para os brasileiros se manifestarem e **descobrirem** que não estavam isolados, mas que faziam parte de uma maioria silenciosa. Uma maioria silenciada.

As redes sociais foram o meio de ação. Olavo de Carvalho e outros mostraram o caminho, ajudaram os brasileiros a perceberem que suas opiniões em favor da vida, da família, da fé, do trabalho e da liberdade não eram absurdas, como faziam crer os donos do poder, especialmente via imprensa; eram, sim, opiniões normais, sensatas e merecedoras de verdadeira representatividade.

Jair Bolsonaro foi o primeiro homem que teve coragem para fazer-se representante dessa maioria silenciosa. **Foi a voz no deserto, firme e retumbante o suficiente para despertar uma nação.** O despertar já aconteceu. E é por isso que eles sabem que não venceram.

◊◊◊

E agora?

E agora que precisamos crescer.

Imagine uma criança com toda a pureza, a simplicidade, a fragilidade e o despreparo dos seus sete anos de idade. Agora, imagine um homem na plenitude dos 40 anos, com todo vigor, com força e com a experiência adquirida desde os erros da juventude.

Este homem é a esquerda brasileira; aquela criança somos nós — aquilo que se convencionou chamar direita, mas que, na verdade, nada mais é do que a grande e silenciosa maioria de brasileiros comuns, trabalhadores e com valores de fé, família e liberdade.

Essas duas pessoas, o menino e o homem, enfrentaram-se nas eleições de 2022. Em 2018, quando estávamos ainda engatinhando, o homem, do alto da arrogância dos seus 30 e poucos anos, achando que reinava absoluto, sem ameaças, deu-se ao luxo de dormitar, de relaxar.

Em 2022, contudo, ele se preparou e lançou mão de todos os seus recursos: sem pudor, como sempre, emparceirou-se com tudo que não presta; sem vergonha, ele e seus parceiros transformaram o embate contra o menino numa batalha absolutamente desigual, desproporcional e invencível para nosso pequeno.

Mas, ora, o menino está crescendo. Naturalmente. Ele tem de ser cuidado, tem de ser educado. Precisa preparar-se, capacitar-se, fortalecer-se. Nós, a muito jovem maioria silenciosa, estamos amadurecendo.

> E a primeira coisa que temos de aprender é que, sim, temos um líder, um grande líder que nos conduziu a conquistas inimagináveis, a quem devemos seguir e em quem devemos nos inspirar; porém, não, este líder não fará nada sozinho; e nós não podemos ficar parados esperando que ele resolva tudo. Até porque, essa atitude, natural em crianças, em adultos é coisa de gente covarde e comodista, que espera que o líder faça tudo sozinho.

Essa postura de terceirizar a um líder a resolução dos problemas é o grande motor do atraso da América Latina. Não podemos cometer o mesmo erro. Mas não basta apenas ir para as ruas, manifestar-se em um dia a cada meia-dúzia de meses. **Nosso trabalho é cotidiano, é o tempo todo, em todos os lugares em** que estivermos. Somente assim retomaremos nossa natural prevalência, a prevalência de uma imensa maioria que deixou uma diminuta porém organizada minoria tomar conta de tudo.

Enquanto estávamos trabalhando na iniciativa privada, a esquerda foi ocupando todos os espaços — profissionais, comunitários, associativos, informacionais, comunicativos... Associações de bairro, entidades representativas, escolas, universidades, emissoras de TV e rádio, tribunais, enfim, todo espaço de ação, representação e comunicação que se possa imaginar.

Nós, confiando nos representantes e nas autoridades, **passamos meio século trabalhando duro para pagar a conta da ação da esquerda organizada em todos os espaços**. Não é por acaso que, apesar de termos feito o melhor governo em muitas décadas no Brasil, a impressão geral não corresponda a esse fato indiscutível (como mostramos ao longo deste livro).

A propósito: a boa notícia, neste cenário, é que, embora muito jovens, **nós já mostramos que sabemos fazer** — com um governo que estrangulou o tráfico e os corruptos engravatados, que cuidou de quem mais precisa de verdade, sem demagogia e populismo, e que incentivou o ambiente de negócios, batendo recorde de empresas abertas, de brasileiros trabalhando e de geração de empregos.

Precisamos, agora, organizar-nos e preparar-nos para, primeiro, ocupar todos os espaços que nos seja possível e, então, naturalmente, ganhar eleições.

Que espaços são esses?

Para começar: nossos lares.

Quando uma criança, um adolescente, começa a chegar em casa com ideias erradas, incutidas por professores de mentalidade revolucionária, os pais devem agir. Devem aproximar-se dos filhos, com sinceridade e camaradagem, e falar a realidade sobre as coisas, tirando-os das ilusões esquerdistas. Devem, também, ser vigilantes sobre as escolas. Caso contrário, esse filho logo se tornará ele próprio um professor de mentalidade revolucionária, ou um juiz garantista, ou um jornalista ideologizado, *et cetera*.

Nos espaços de formação, de estudos, também não podemos vacilar. Os jovens devem buscar sempre o outro lado daquilo que a média dos professores traz. Essa média é formada sob o viés esquerdista. O currículo das universidades brasileiras é majoritariamente marxista ou de inspiração marxista. Os jovens, portanto, não podem aceitar a doma e o cabresto dessa formação. Mas, também, precisam de alternativas.

Grupos de estudo, de discussão, de debate, de circulação de ideias de fé e liberdade, de verdadeira democracia, devem ser criados. Já estão sendo, na verdade. Esse processo não pode parar.

No âmbito profissional, além de nos posicionarmos ao natural, no dia a dia de nossas profissões, temos de estar atentos aos espaços de representatividade, às associações de classe, aos conselhos, enfim, a todas as possibilidades desse tipo. Esses grupos são organizados para exercer pressão sobre o poder público e, com isso, ajudam a conduzir os rumos da nação.

Muitas das leis estatistas e kafkianas que atrapalham nossas profissões foram gestadas nas associações de nossos pares profissionais, levadas aos parlamentares e validadas pelo Judiciário.

Foram décadas disso, de a esquerda tomando conta de tudo, enquanto nós dormíamos em berço esplêndido. Faz poucos anos, nós despertamos. Por um milagre de Deus e pela ação de homens como Jair Bolsonaro, **chegamos à Presidência da República —**

mas sem, antes, termos construído toda essa base da qual estou falando aqui.

Como anteviu o professor Olavo de Carvalho, em publicação no seu Facebook a 29 de novembro de 2016, nós conquistamos a cereja, mas sem antes termos feito o bolo:

> «*Tantos hoje dizem querer o Brasil de volta, e em vista disso gritam: Bolsonaro 2018. Não quero ser estraga-prazeres, mas os comunistas não começaram a nos tomar o Brasil pela Presidência da República. Tomaram primeiro as universidades, depois a Igreja Católica e várias das protestantes, depois os sindicatos, especialmente de funcionários públicos, depois a grande mídia, depois o sistema nacional de ensino, depois o sistema judiciário, depois os partidos políticos todos, e por fim, depois de quarenta anos de esforços, a cereja do bolo: a Presidência da República. Vocês acham **realmente** que tomando a cereja de volta o bolo inteiro virá junto?*»

Façamos a nossa parte, portanto. Em casa. No trabalho. Com os amigos. Em todos os espaços que pudermos. Preparemo-nos, estudemos, unamo-nos. **O Senhor Deus nos chama à santidade e o Brasil precisa de nós aqui e agora**, onde estamos, nas condições que nos cercam. Haverá quem cumprirá sua missão sendo Presidente, governador, senador. Haverá quem a cumprirá sendo professor, juiz, médico. E haverá quem realizará sendo pai, mãe, trabalhador.

As possibilidades, os meios e as formas são muitos. Só não podemos não agir, não fazer. Esse direito não temos. Afinal, embora sejamos a imensa maioria, somos também muito jovens. Nós, os brasileiros comuns, de fé e trabalho, como pessoas unidas em torno de objetivos políticos, somos um menino ainda. Mas esse menino está crescendo, inexoravelmente. Cabe a nós cuidar bem dele. Para que ele cuide bem do nosso Brasil.

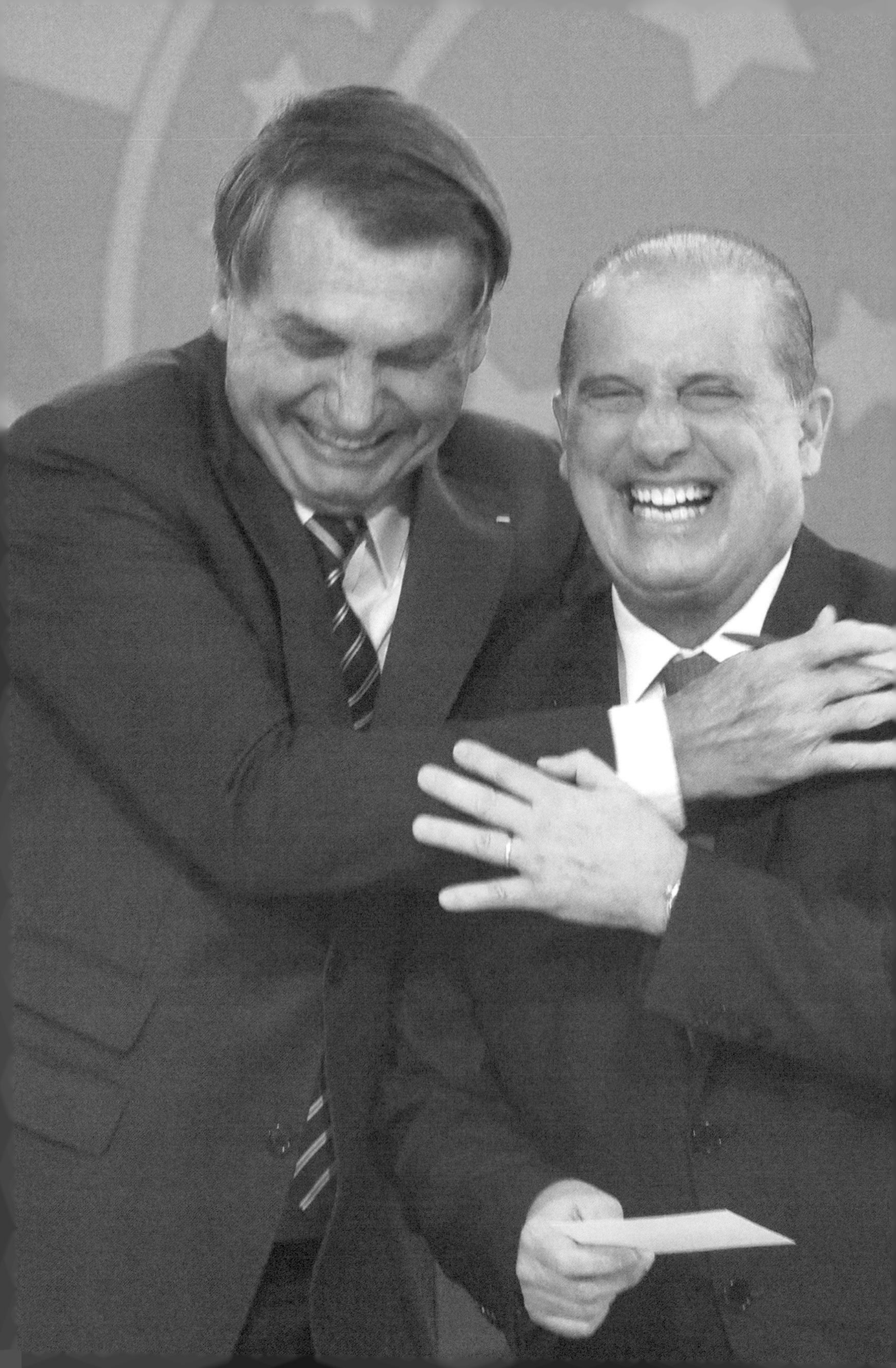